名家说清史

顺治皇帝

周远廉◎著

故宫出版社

前言

爱新觉罗·福临，被尊谥为“体天隆运定统建极英睿钦文显武大德弘功至仁纯孝章皇帝”，庙号世祖，年号顺治，通常人们称他为章皇帝、世祖、顺治皇帝或顺治帝，有时直接简称顺治。

这位入关以后清朝的第一位皇帝，生平甚为奇特。他六岁登基，十四岁亲政，治国十载，便英年早逝。他既是富有四海的“天下共主”之大清国君，又曾在长达八年之久的时间里，听凭尊为“皇父摄政王”的叔叔多尔衮任意摆布，度日如年，危如累卵，是位不折不扣的傀儡皇帝。他亲政之时，正值国家多事之秋，抗清之军强大，“两蹶名王，天下震动”。国库如洗，岁缺巨万兵晌，征调繁兴，灾荒频仍，兵民穷苦至极。满洲只有男丁五万，难以对付亿万汉人，诸王势大，满臣守旧，排斥汉官，君威不振，难行新政。直到他临终之日，仍是入不敷出，库无余银，兵民困苦，战火尚未尽熄。他书画双妙，儒释皆精，弱冠之时崇信佛祖，专宠董鄂皇贵妃，爱妃仙逝之后，寻死觅活，净发念佛。对于这位少年天子，以往人们评价不高，认为他无重大建树，难入英君行列。民间则对他的一生颇感兴趣，两百多年来关于他的种种传说甚为流行。比如，“太后下嫁”，言其母孝庄皇太后为保爱子皇位，嫁与摄政王多尔衮，举行了隆重的下嫁典礼；董鄂妃是江南“四公子”之一冒襄之爱妾秦淮名妓董小宛，被清兵掳掠，辗转入宫，世祖册其为皇贵妃，董鄂妃病故以后，世祖假死，传位于皇三子康熙帝玄烨，潜往五台山出家为僧，故后来玄烨多次临幸五台，朝拜父皇，等等。

看来，全面勾画顺治年间基本形势，阐述顺治帝在军政、经济、文化、民族等各方面的重要政策和措施，概括其治国之道，评论其施政的得失功过，给予其正确的评价，弄清董鄂妃的真正身世，再现帝妃之间心心相印、忠贞不贰、至死不移的纯真爱情，还是很有必要的。

目录

第一章　傀儡幼帝　朝不保夕

一　睿王欲争帝位　黄旗大臣誓立皇子

清太宗皇太极于崇德八年（明崇祯十六年，1643 年）八月初九日晚上十点左右突然因病逝世，皇九子福临继位为君。

对于福临的登基，有两种说法比较流行。一说是因皇太极未立太子，又无遗诏，故八旗王公大臣按祖制议立新君；二是说因睿亲王多尔衮与孝庄太后在此之前即有暧昧的男女关系，故多尔衮不提福临的几个哥哥，而主张立六龄幼童福临。笔者认为这两种说法都不准确。

二十二年以前的天命七年（1622 年），大金国英明汗努尔哈赤宣布了八固山贝勒共治国政制，规定今后新汗由八固山贝勒即八旗旗主商议后“任置”。天命十一年八月十一日，努尔哈赤去世。

八旗代善、阿敏、莽古尔泰、皇太极、阿巴泰、德格类、济尔哈朗、阿济格、多尔衮、多铎、杜度、硕托、豪格等十三位贝勒集议，代善提议立皇太极为新君，众贝勒赞同，皇八子皇太极便继位为帝。请注意两点，一是立皇子之一皇八子皇太极为新君，而不是立努尔哈赤之弟之侄；二是只是十三位贝勒开会议立，而不是非贝勒的皇族，如努尔哈赤的小妾所生没有贝勒爵位的庶子阿拜、汤古代、塔拜、巴布泰、巴布海、赖幕布，努尔哈赤的侄子但不是贝勒的宗室如务达海、汉岱等，皆无资格参加会议。至于各位大臣，也未与会。

经过清太宗皇太极十几年的压抑诸王，提高帝威，皇权已经大大提高，诸王皆得对帝称臣，不敢有半点不敬，否则将被皇上严惩，轻则罚银挨骂，重则籍没牛录，甚至没收所辖之旗。曾相继为正蓝旗旗主的大贝勒阿敏及其弟德格类贝勒，就被死后追罪，籍没户口牲畜，正蓝旗归为皇上所有。礼亲王代善、郑亲王济尔哈朗、睿亲王多尔衮、成亲王岳托、英亲王阿济格、豫亲王多铎、肃亲王豪格等所有亲王，都曾被太宗斥责、处罚，或罚银马，或被降为郡王、贝勒、贝子，阿济格甚至被革除旗主。皇太极拥有正黄、镶黄、正蓝三旗，兵强马壮，人才济济。所以，这次议立新君时，本来应该只在皇太极的九个皇子中选立一位（另两位皇子已殇），不料，正白、镶白二旗的睿亲王多尔衮，已降为郡王的多铎、阿济格三弟兄，却要争夺帝位。

为什么多尔衮三弟兄要争当新君？为什么他们有实力，有能耐来争夺帝位？因为他们与皇太极之间，有杀母夺旗甚至夺走帝位的大仇，现在他们也有相当强的实力。

在清太祖努尔哈赤的十六位皇子中，阿济格排行第九，多尔衮第十四，多铎第十五，皆系努尔哈赤最后一位大福晋乌拉那拉氏之子。那拉氏深受夫君宠爱，三个儿子也子以母贵，被钦封为“全旗之子”，即旗主，且欲将汗位由三子之一继承。但努尔哈赤在位时只亲自辖有正黄、镶黄二旗，分别授予阿济格、多铎，仅给了多尔衮十五个牛录，准备在适当时机将孙子杜度领辖的那个旗授予多尔衮。但在努尔哈赤去世之时，杜度那个旗被新君皇太极拿走了。

不仅如此，就在议立皇太极为新君的那一天，皇太极又与代善等贝勒以所谓的“先汗遗命”，逼令多尔衮三弟兄之母大福晋那拉氏阿巴亥自尽“殉夫”。

在议定新的治国体制时，皇太极将身为旗主的阿济格、多铎贬低到非旗主的“小贝勒”地位，将他俩的二黄旗改名为正白、镶白二旗，皇太极原有之正白旗及此时新夺来的太祖预定要赐予多尔衮的镶白旗改名为二黄旗。这一系列打击显然会使阿济格三兄弟万分气愤，但此时阿济格 21 岁，多尔衮 13 岁，多铎 11 岁，无力反抗，只有被迫服从。阿济格勇猛鲁莽，时有怨气，于天聪二年（明崇祯元年，1628 年），被天聪汗（即太宗皇太极）找了一个借口，革除了旗主。多铎也因对汗兄不满，时被太宗训斥处罚。崇德元年，他以镶白旗旗主、和硕贝勒的资格受封和硕豫亲王，崇德四年即被议罪降为多罗贝勒，罚银万两，籍没三分之一的包衣和牲畜，直到崇德七年，因松锦之役中立了大功，才晋为郡王。

只有多尔衮比较乖巧狡猾，虽怀有杀母夺旗之大恨，却深埋胸中，尽力讨好汗兄皇太极，并智勇双全，屡立军功，博得了太宗欢心，不断提拔，初让其接主阿济格之旗，后又命其统摄吏部，几次统率八旗大军征明攻蒙，崇德元年封和硕睿亲王。到崇德八年八月太宗死之前，多尔衮已和郑亲王济尔哈朗同为太宗信赖的左右手，威望甚高。

这位被太宗皇太极谕称“朕爱尔过于诸子弟，赉予独厚，以尔勤劳国政，故也”的九王爷多尔衮（一般称多尔衮为九王，多铎为十王）此时却想争夺帝位，阿济格、多铎也竭力拥戴。

然而，皇子那一边，也已议定拥立一位皇子继位为君。八旗之中，太宗皇太极亲领正黄、镶黄、正蓝三个旗，人丁、兵、将、战马之多，超过其他五旗之中任何一位旗主。特别是正黄、镶黄二旗，猛将如云，谋士众多，开国元勋中功劳最大、职位最高、子侄最勇，与太祖太宗联姻婚娶的三位大帅额亦都、费英东、扬古利，皆在正黄、镶黄二旗。此时三位大帅虽已早逝，但其子弟侄孙车尔格、图尔格、伊尔德等等，皆系很早就披甲厮杀、勇猛骁悍的战将，分任固山额真、巴牙喇纛章京、议政大臣、承政（尚书）等军政要职。文臣中如希福、范文程、刚林均是大学士，范文程更是智谋出众、佐国有功、历任四朝的老相。尤需一提的是希福之侄、一等侍卫巴克什索尼，精通满蒙汉文，久值内院，智勇双全，对帝忠贞不贰。两黄旗的确是人才济济，远逾他旗。他们当然要拥立皇子，既对先帝效忠，又可确保本旗之特殊地位和个人的富贵荣华。

图尔格、索尼、图赖、锡翰、巩阿岱、鳌拜、谭泰、塔瞻八人，前往肃亲王豪格府中，“私相计议”，“欲立肃王为君”。豪格当然十分高兴，遣固山额真何洛会、议政大臣杨善告诉郑亲王济尔哈朗说：“两旗大臣已定立我为君，尚须尔议。”这实际是希望和劝诱郑王支持。郑王很乐意接受豪格的要求。但是他也敏锐地看出白旗王爷图谋帝位，白黄四旗真的厮杀起来，谁胜谁负，亦难预卜，还是需要留点后路。所以，郑王告诉来使说：“我意亦如此。”但睿亲王“尚未知，待我与众商之”。这是让豪格等人明白，多尔衮是个关键人物，他有可能自立，不同意立豪格，要做好思想准备。

果然，很快就发生了黄白四旗激烈争斗的场面。

二　六龄幼童登基　睿、郑二王辅政

睿亲王多尔衮于崇德八年八月十四日早上，赶到盛京皇宫中的三官庙，询问黄旗智多星索尼，怎样处理继位之事，试探两黄旗大臣的态度。索尼斩钉截铁地说："先帝有皇子在，必立其一，他非所知也。"

多尔衮碰了一个钉子，很不高兴地进入崇政殿。索尼等两黄旗大臣于大清门立誓，必立皇子，然后派两黄旗护军将殿团团围住，索尼、鳌拜等手扶剑柄，闯入殿内。诸王大臣会议刚开，索尼、鳌拜首言宜立皇子。多尔衮见势不妙，立即借口诸王尚未发言，臣子们没有资格说话，将他们喝斥了出去。阿济格、多铎劝多尔衮继位，多尔衮见两黄旗大臣剑拔弩张，犹豫不决。多铎迫不及待地说：如你不同意，该立我为帝，我的名字已列于太祖遗诏上。多尔衮反驳说，肃亲王名字也在太祖遗诏中提到过。意即二人都不能以此作为继位的条件。

多铎说：不立我，也可以，要立年长之人，当立礼亲王代善。代善一直未发一言，此时见已点到自己头上，不得不说了几句两头讨好两不得罪的话：睿王若允，是国之福，不然，豪格是帝之长子，当承继大统。我年老体衰，难以胜任。豪格见多铎咄咄逼人，多尔衮拒绝立己为帝，代善在耍滑头，不倾向于己的白旗三王有意自立，郑王不发一言，感到不便立即应允，就以退为进，假惺惺地说：我福小德薄，哪能担当此任。言毕辞去。果然，两黄旗大臣见主子退席，纷纷离座，“佩剑而前”，齐声说道：“吾等属食于帝，衣于帝，养育之恩，与天同大，若不立帝之子，则宁死从帝于地下而已。”代善一见不妙，大有火并之势，不愿招惹是非，忙说：我虽是帝之兄，但因年老，当时朝政便未参与，怎能参与此议。离席而去。阿济格也跟着退出，多铎沉默不语。

此时，殿中气氛异常紧张，黄旗大臣就要动手，拼死夺位了。本欲继位为帝的多尔衮，一见此情，不由紧张思考，要坚持争位，必与黄旗大臣血战一场。两个黄旗八大臣中有四位是三大开国元勋的子侄，图尔格是弘毅公额亦都第八子，又娶和硕公主，图赖是直义公费英东第七子，鳌拜是费英东亲侄，塔瞻是追封武勋王扬古利之次子，袭超品公，谭泰是扬古利之从弟，这意味着八旗勋旧大臣的大部分主张立太宗之子为帝，此事不可低估。况且，两白旗尚无对此的应急准备，而大殿又处于两黄旗精兵控制之下，黄旗大臣步步进逼，弄不好，真会血溅兵刃，走不出崇政殿。但是，在这样的形势下被迫拥立豪格，也不甘心，太软弱可欺了，今后怎么过？多尔衮不愧为睿亲王，确能“倡谋出奇”，经过飞速考虑后，开口说道：你们之话不错，既然肃王谦让退出，没有继承大统之意，就立先帝之子福临吧。但他还幼稚，由我与郑亲王左右辅政，分掌八旗事务，待福临长大，立即归政。这一建议极其出人意料。代善等王也回到会场，思考此议。这个安排满足了两黄旗大臣必立皇子的要求，镶蓝旗主郑亲王获益甚大，当上了辅政王，代善本无野心，仅求平安无事，多尔衮未能称帝，但辅佐幼主，也算有得有失。唯一受损者是豪格，可是他既自谦让，也不便出尔反尔，再来抢位，只好是有苦难言。这样处理的最大好处是避免了火并，保持了统治集团的团结，为清国的前进和入主中原奠定政治基础。因此，王贝勒大臣议定拥立六龄幼童福临。

议定之后，礼亲王代善召集王公及文武大臣，宣布决议，拥戴皇九子福临继承帝位。代善等王公，阿山、叶臣等八旗文武大臣数十人，分别写立誓书，宣示忠于幼主。索尼等两黄旗大臣、侍卫二百零七人又于八月二十四日焚香对天盟誓，誓死保翊幼君。

福临之所以能被立为新帝，是因为除大哥豪格外，他是现存的八位皇子中条件最好的人选。福临虽然排行第九，但他的四哥叶布舒、六哥高塞、七哥常舒、十弟韬塞，皆是太宗之庶妃所生，五哥硕塞之母高一点，也只是侧妃，均不在太宗所定的五宫之内。太宗定的五宫后妃是："清宁宫中宫国君福晋博尔济吉特氏，东宫关雎宫大福晋宸妃，西宫麒趾宫大福晋贵妃，东宫衍庆宫侧福晋淑妃，西宫永福宫侧福晋庄妃。"福临的生母庄妃虽位列第五，但中宫无子，东宫宸妃已死，其独生子早殇。西宫贵妃是皇十一子博穆博果尔之母，东宫淑妃无子，这两位妃子原来都是蒙古察哈尔部林丹汗之妃，林丹汗败死，察哈尔部归顺于太宗，太宗将这二位妃子纳为己妃。因此，在人们心目中，福临比其十一弟显然更为尊贵，所以选立皇子之时，福临成为豪格以外的最佳人选，继位为新君了。

三　九叔专权　尊称"皇父摄政王"

福临继位为君，从表面上看是两黄旗获胜，白旗未达到目的，多尔衮未能称帝，仅仅当上了两个辅政王之一，并且名列另一辅政王郑亲王济尔哈朗之后。可是，以号称智多星的索尼为核心的正黄旗、镶黄旗的主要大臣们，却低估了多尔衮的才干、抱负和野心，此人之聪睿机智、果断狠毒，远逾其他任何一位亲王、郡王、贝勒，索尼等人，根本不是他的对手。

多尔衮之所以提出选立幼君的主张，并不是他已不想夺取清国的最高统治权，而是采取了以退为进、逐步夺权的方针，利用各种机会和手段，打击政敌，排斥异己，扶植亲信，壮大自己的势力和权力。崇德八年八月议命郑、睿二王辅政以后，仅仅过了四个月，十二月二十五日，二王便由辅政王变成了摄政王，并罢除了王、贝勒、贝子、公管理六部事务的旧制。又过了一个月，顺治元年正月二十日，摄政郑亲王传谕内三院、六部大臣，今后各衙门有事要禀告，皆先奏禀睿王。多尔衮成了大清国主持政务的首席摄政王。

多尔衮利用手中的权力搞阴谋要手段，首先整倒最重要的政敌——肃亲王豪格。他于顺治元年四月初一，将豪格定上七大罪，“夺其所属七牛录人员，罚银五千两，废为庶人”，处死其得力将领固山额真俄莫克图，护军统领、内大臣杨善（费英东之侄）等人。

此后，多尔衮利用统军入关、定鼎中原的特大功勋，多次压抑惩处忠于少帝的两黄旗大臣，革图赖之子辉塞所袭亡父的一等公爵，革三等公图尔格之子科布梭所袭父之爵职，削索尼官职，籍没其家，将其充发盛京，降护军统领巴图鲁鳌拜之一等子世职为一等男，论死赎身。他一再超擢己之亲信，曾系拥立肃王之六大臣成员锡翰、巩阿岱及其兄拜尹图，因背叛故君谄媚睿王，分别从闲散宗室晋封至多罗贝勒和固山贝子。正黄旗一等侍卫冷僧机背主媚己，授内大臣，从三等男晋至一等伯。对本旗正白旗之大臣罗什、博尔辉、锡图库等亲近大臣，亦宠信擢赏，委以要任。他还将迎合自己的宗室贝子尼堪、博洛晋封至亲王，并委任二人及礼烈亲王代善之子和硕亲王满达海为理政三王。他对亲弟豫亲王多铎十分赞赏，封其为“辅政叔德豫亲王”，并收其子多尔博为己之嗣子。对支持肃亲王豪格的摄政和硕郑亲王济尔哈朗亦多方排斥，罢其摄政辅政，给其定上悖乱之罪名，一度降为郡王。这样一来，仅仅经过五年多的时间，多尔衮已完全达到排除异己，委任亲信，全面掌握军政大权的目的，并一再增上尊号，顺治元年晋“叔父摄政王”，二年晋“皇叔父摄政王”，顺治五年再尊为“皇父摄政王”，成为大清国真正的最高统治者，真正的“皇帝”。

四　兄王冤死　亲嫂被叔霸占

六龄幼君福临的安危，在顺治初年取决于三个因素，一是两黄旗大臣的效忠，二是叔王摄政和硕郑亲王济尔哈朗的支持，三是兄王豪格的威权。其中，豪格权势的消长，对政局、对少年天子的影响更为重要。因此，多尔衮对豪格也就特别防范和压抑。就在顺治元年（1644 年）四月出兵攻明之前夕，豪格被多尔衮罗织罪名，削爵，籍没七牛录，废为庶人。然而多尔衮此时还不能任意诛戮，还不好命令豪格留居盛京闭门思过，豪格得以随军从征，为入主中原立下了军功。顺治元年十月，幼主福临从盛京迁居北京，再次举行登基大典，封赏功臣，大赦天下。登基恩诏的第一条和第二条就是对“佐命开国，济世安民”立有大勋的亲王，要加以殊礼，对亲王、郡王之子孙弟侄要赐予封爵。据此，晋英郡王阿济格、豫郡王多铎为和硕亲王，晋贝勒罗洛浑为郡王，封太宗之第五子硕塞为郡王。在这样的形势下，多尔衮也不得不对豪格有所表示，遂下帝谕，复封豪格为肃亲王。

豪格虽然复爵，但他心里自然十分清楚，前途仍是凶多吉少，因而做事小心翼翼，尽力效劳。顺治三年，他被多尔衮派去四川攻打大西农民军时，率军猛烈冲杀，利用农民军叛徒刘进忠的归顺和引导，疾驰数百里，乘敌不备，突袭西充，击败大西军，射死张献忠，连陷州县，夺据了四川。然而，功勋再大，也改变不了摄政王的看法，并且为陷害肃王提供了一个借口。顺治五年正月，豪格从四川返京，三月初六就被下狱惩治。罪状只有两条：一是三等梅勒章京希尔艮与护军统领阿尔津、苏拜争功，豪格未予审理；二是豪格欲将机赛升补护军统领。于是八旗王、贝勒、贝子、议政王大臣会议审理后奏称：豪格隐蔽希尔艮冒功事，“旧念未除”，“因杨善为伊而死，欲升其弟，乱念不忘”，虽皇上三降谕旨斥其不应升补机赛，“犹不引咎”。因此，“诸王贝勒人人愤怒”，豪格“如此怙恶不悛，仇抗不已，不可复留”，应处死。多尔衮谕令免死幽禁，“夺其所属人员”。

这两条罪状都不能成立，都是莫须有的诬陷之词。

荣为和硕亲王及帝之皇兄的豪格，就凭这莫须有的两件小事，被削爵、籍没、幽禁，可见摄政王多尔衮之专横势大及八旗王公大臣之软弱，一切听从摄政王的支配。

豪格遭此不白之冤，怒气冲天，看守人役又对他百般凌辱，甚至很可能是谋害，豪格很快就含恨而死，享年不过40岁。豪格之嫡福晋博尔济吉特氏系多尔衮元妃之妹，也难逃灾难。顺治六年十二月，多尔衮之元妃去世，第二月即顺治七年正月，博尔济吉特氏被多尔衮逼纳为妃。

五 "太后下嫁" 额娘向谁诉说

清朝初年，蒙古有一个"一门四皇后"的极其显赫和古今中外少有的大贵族家庭。这四皇后之一，就是少年天子福临的母亲孝庄文皇后博尔济吉特氏，芳名叫"布木布泰"。孝庄文皇后生于明万历四十一年（1613年）二月初八日。其亲姑于明万历四十二年嫁与太祖之子皇太极贝勒，后尊称孝端文皇后，顺治六年去世。孝庄之亲姐于天聪八年入宫，崇德元年封关雎宫宸妃，特受太宗宠爱，崇德六年卒，追封敏惠恭和元妃。孝庄比姐入宫更早，13岁时于天命十年二月初二日由其兄吴克善台吉陪伴送来，崇德元年封永福宫庄妃。其祖父科尔沁蒙古贝勒莽古思被追封为和硕福亲王，其父塞桑贝勒追封和硕忠亲王。孝庄的两个侄女皆嫁与世祖，一为皇后，因故被废，降封静妃，一为淑惠妃。孝庄的侄孙女亦嫁与世祖，后封孝惠章皇后。

孝庄文皇后才高貌美，聪睿机警，深受夫君宠爱。由于崇德八年八月多尔衮议立福临为君，而没有立豪格，也没有立高于庄妃的麟趾宫贵妃之子博穆博果尔，因此引起了不少传闻。一些野史载述了所谓的“太后下嫁”，声称孝庄太后曾下嫁与多尔衮，举行了下嫁大典。民国八年（1919 年），署名“古稀老人”编写的《多尔衮轶事》之“太后下嫁”条称：世祖福临年幼，“军政大权实在多尔衮一人之手，倘怀异志，莫敢谁何，当时朝廷情势，危如累卵”。“太后时尚年少，美冠后宫，性尤机警，知非有以羁縻而挟持之，不足以奠宗社于泰山之安，故宁牺牲一身，以成大业”，而多尔衮则“涎太后之色”，“时以陈奏机密为由，出入宫禁，奏事既毕，辄纵谈市鄙事以尝试之”。孝庄太后遂提出，若尔（多尔衮）“诚意见爱”，“务矢赤心，为国驰驱，卫我母子，待天下统一之日，即我二人因缘成就之日”。多尔衮惊然敬服，两人对天立誓，各刺臂作血书，互执一书。从此，多尔衮果然“奋勉图功，精勤倍常，以冀媚于太后”，间有劝其自立为君者，“多尔衮皆以念及血书而止”。后天下大定，多尔衮屡求太后实践盟誓，且以死为要挟。“太后鉴其诚悃，不忍背之”，遂召幼帝，告诉事情始末，但如践约，则碍于体制，若背约，“则国基未固，祸不旋踵”，乃秘密设策，数日后宫中忽传太后驾崩，隆重办理丧仪，不久又降旨以帝之乳母某氏指婚于摄政王，命满汉大学士为媒，襄办婚礼，嫁奁之多，空前罕有，自宫门到王府，绵延数里，彩舆所经，沿途皆设锦障，禁止窥探。多尔衮在门前恭候，引入正殿，先叩拜，然后行交拜之礼，空前之太后下嫁大典，至此告终，“于是天下臣民莫不心知其故矣”。这段叙述，谬误甚多，不合情理，不符事实，姑举其三。第一，摄政之时，太后无权也从未公开过问国政，摄政王全权代行帝权，不须也从未向太后奏呈诸事，请太后裁决，所谓多尔衮以陈奏机密为由入宫调情之说，不能成立。第二，多尔衮摄政之日，孝庄太后康健如常，并未驾崩，直到多尔衮死后三十七年，即孝庄太后之孙圣祖玄烨的康熙二十六年，太后才去世，享年七十五岁，才隆重办理丧仪。可见，多尔衮在世之日太后驾崩之说，不攻自破。第三，所谓将太后扮作帝之乳母指婚睿王，大办婚礼，致天下臣民皆知太后下嫁，查遍实录等官书，无此记载，大臣文人学士之文集笔记，亦无片言只字，显系《多尔衮轶事》作者杜撰。

简而言之，迄至今日，未发现一条叙述太后下嫁大典的材料，可见这一“大典”根本就没有举行。然而，虽无下嫁大典，并不能说明孝庄太后与多尔衮全无瓜葛。这些野史传闻固然不能作为信证，可是，无风不起浪，何况他们谈到的多尔衮专权，太后害怕摄政王篡位，故予笼络，等等，也不能说是毫无根据。多尔衮素怀称帝之心，摄政以后，尤其是入主中原尊称“皇叔父摄政王”、“皇父摄政王”以后，独揽大权，势焰熏天，人皆知有摄政王，不知有幼君，如若太后对此视而不见，不予笼络，废帝之举难说必无，聪睿绝顶之孝庄太后当然会设计以对。入关之前，女真——满洲旧习，允许弟娶其嫂，尤其是遇逢问罪或家庭败落之时，更有这种行为。太宗时，莽古尔泰贝勒死后，其妻被分给侄子豪格和岳托，德格类贝勒死后，其一妻被阿济格带走。因此，孝庄太后有可能与多尔衮有暧昧关系。蒋良骥《东华录》卷六载述顺治八年二月世祖福临颁诏斥责多尔衮的罪状中，有一条是多尔衮“又亲到皇宫内院”，朝鲜《孝宗实录》记录此诏时，也有“又亲到皇宫院内”这一罪状，可是《清世祖实录》卷五三载述此诏时，却删去了这句话，显有为尊者讳之意。多尔衮为何要亲到皇宫内院，而且此事被列为其谋逆的罪状之一，并于实录中删掉，答案是不难得出的。那就是他很可能进宫与太后幽会。若他仅是与其他妃嫔幽会，实录就不必删去这句话，就可以明确写他是调戏妃嫔。

如果认为此说合理，孝庄太后与多尔衮之间可能有暧昧关系，那也只是太后为谋巩固帝基而采取的一种策略，是出于政治上的考虑，而非所谓寡居不欢。说得更明显一些，孝庄太后之举，是迫于无奈，此中苦辛，向谁诉说？身为号称至尊无上的天子福临，对此能不痛心疾首？但他有什么办法，他自己不也是危在旦夕吗？

六　仰叔鼻息　幼君危如累卵

顺治七年（1650 年）七月初十日这一天，对年方十二岁半的幼君福临来说，是一个令他极为愤恨、极端惊骇、万分不安的大凶之日。当他正安坐宫中之时，族叔固山贝子锡翰、内大臣二等子冷僧机、内大臣席纳布库等摄政王多尔衮亲信，突然匆匆进入殿内，不容细说，便拥着幼帝出宫，"驾幸"摄政王府，并让帝恭问皇父摄政王安康，慰其新亡元妃之哀痛。原来，此事系由"皇父"所引起的。这一日，锡翰等前往王府，摄政王大发怨言，说什么"顷予罹此莫大之忧，体复不快"，幼主"宜循家人礼"来府探望。摄政王又指责锡翰等亲近大臣，皇上虽年幼，尔等岂不知应该如何做？因此，锡翰等立即进宫，带帝往王府慰问"皇父摄政王"。多尔衮可能觉得此举过于鲁莽，有损其谦谦成王、周公之形象，曾补充说，不让锡翰等奉君来府，今见帝已至府，便大发雷霆，斥责锡翰等人，命议政王大会议处罚锡翰，又以巴哈、鳌拜等目睹锡翰之罪，不即执鞠，命一并治罪。议政王大臣等拟议锡翰、冷僧机等论死籍没，鳌拜亦论死。多尔衮心知锡翰、冷僧机、席纳布库系己之亲信，此举是讨好于己，故仅轻议其罪，略降爵职，不久即予恢复，而对不附于己之鳌拜，则降其一等子为一等男。

十二岁半的福临回宫之后，必然会静坐苦思，心乱如麻，无比愤怒，又胆战心惊。今日之事，欺人太甚。多尔衮权势再大，哪怕又有“皇父”之尊号，但毕竟还是皇帝之臣，按道理说，无权也不应该随意暗示，要帝去探问，而且要行“家人礼”，即要行父子之礼，要号称至尊无上之天子以子侍父之礼慰问“皇父”。这未免太狂妄太僭越了！何况，多尔衮之借口又太缺乏根据，所谓“顷予罹此莫大之忧”，不过是指其元妃于去年十二月病故之事。可是，妻骨未寒，多尔衮即于次年正月纳肃亲王豪格之嫡福晋为妃，而且于八旗广选美女，向新附之喀尔喀索取有夫之妇，又迫令朝鲜国王送公主来京，于五月连仪式也来不及举行，就和公主圆了房，这正是他姬妾成群日夜狂欢之时，哪能说什么“莫大之忧”！这不过是一个借口，借此来显显“皇父”之威风，来威慑幼君而已！全仰于“皇父”鼻息的儿皇帝，有什么意思！

不仅如此，福临必然会回想起七八年来的遭遇，一桩桩一件件令人发指、心酸、惊恐、胆寒之事，必会情不自禁地涌上心头。七年前，他的兄王豪格被废为庶人，后才复爵，而且正当他这位六龄幼君入主中原，再次举行登极大典，被尊为九州共主之时，皇十二叔英亲王阿济格竟敢称他为无知幼童，且犯下这样大不敬之罪，却未受重惩。两年前，他的兄王豪格被削爵籍没，冤死狱中，嫡福晋被摄政王霸占。母后处境艰难，有苦无处诉说，母子分居，一月之中，只能相见一次。多尔衮被尊为“皇父摄政王”，叛臣锡翰、巩阿岱忘了先帝洪恩，背叛幼主，投靠睿王，为其爪牙，竟敢对幼帝肆意讥讽，讥帝懦怯，不习骑射，毫无人臣之礼。尤其是随着多尔衮自称“皇父”，完全以朝廷自居，令群臣伺候府前，调兵信符及赏功册皆在王府，天下只知有摄政王，哪知有帝！此时，多尔衮既收亲弟豫亲王多铎之子多尔博为己嗣子，又取亲兄英亲王阿济格之子劳亲为养子，兼之，姬妾成群，若生一男，未见得就不会废帝自立。帝之处境怎能不险！有一次，福临被迫前往摄政王府，按规定，皇上出宫，警卫森严，扈从众多，应有前引大臣十员、后扈大臣二员、豹尾班侍卫二十员、御前侍卫、乾清门侍卫、一二三等侍卫数百员，以及亲军、护军、前锋、步军数千名，还有浩大的仪仗队，可是，这次“随驾内大臣及侍卫等，不及二十人”，连一个四五品官员之公子都不如，这些公子出门，随从也有二三十人。这不仅是大损威严，更重要的是太危险了，万一摄政王起了歹意，或于府中谋害幼主，或派爪牙伪扮响马途中行刺，岂不酿成大祸！据《清世祖实录》卷七七记载，就是在这次临幸王府时，二等侍卫喀兰图得悉此事，“惧有叵测”，急忙归家携带弓矢追去，“密为防卫”。又有一次，睿王以避痘为名，带福临“远幸边外西喇塔喇地方，侍卫不及百人，又乏扈从之兵，时经长夏，势甚孤危”。不要说多尔衮于此时下手弑帝易如反掌，就是各部蒙古王公，若有图谋不轨者，这岂不也是天赐良机于彼！

回想这七八年来发生的一幕幕令人胆战心寒的往事，看看今日多尔衮独掌大权，两黄旗大臣分化瓦解，多为睿王收买和威慑，寡母幼儿谁来保驾，十二岁多的福临真是危如累卵了！出路何在，绝境何时能完，弑君夺位大祸何日突然降临，福临对此是既不敢想又无法不想，他只有听天由命了。

第二章　抑王尊帝　乾纲独断

一　内忧外患　御座飘摇

正当少年天子困惑苦恼坐卧不安之际，突然传来了令他万分欢欣的佳音,“皇父摄政王”多尔衮于顺治七年（1650年）十二月初九日病卒于边外喀喇城（今河北省承德市郊）。他虽然不得不装出十分悲痛的表情，但必然是暗中无比高兴。可是，只要他稍一平静下来，便会为严峻的内外形势而忧心忡忡。

摄政王虽已去世，但福临的宝座仍然处于风雨飘摇之中，还存在不少严重威胁皇位的危险因素。其一，多尔衮虽死，但经其多年苦心经营，睿王府仍有十分强大的势力。多尔衮在世时收亲弟豫亲王多铎之第五子多尔博为嗣子，顺治八年正月袭封和硕睿亲王，俸禄及诸用物是一般和硕亲王的四倍，护卫八十员。多尔衮又收亲兄英亲王阿济格之第五子劳亲为养子，初封亲王，顺治七年八月改为多罗郡王。多尔衮原主正白旗，顺治六年多铎死后其子年幼，其镶白旗亦归多尔衮暂领，原太宗所领之正蓝旗亦被多尔衮接管，一人亲领三旗。现在，多尔衮辖有正白、正蓝二旗，多铎之子多尼辖镶白旗。多尔衮之两白旗亲信近臣罗什、博尔惠、额克亲、吴拜、苏拜、何洛会等人，长期秉王意旨处理朝政，升降官员。额克亲是宗室，晋封至镇国公，参与议政。吴拜、苏拜系开国功臣猛将武理堪之子，二人十五六岁即披甲从征，骁勇善战，军功累累，分授内大臣、护军统领，分封三等伯、二等子。固山额真何洛会两任大将军，封三等子。两黄旗主要大臣中，太祖之弟笃义刚果贝勒巴雅喇之孙拜音图、锡翰、巩阿岱三弟兄，以叛主媚事睿王，分别由闲散宗室晋至贝勒、贝子。冷僧机任至内大臣，封一等伯。狱中之囚谭泰复为固山额真，拜征南大将军，封一等子，现任吏部尚书，权势赫赫。睿王之党羽人多势大。

多尔衮之亲兄英亲王阿济格，虽非旗主，但亲辖十三牛录，又取亡弟豫亲王多铎七牛录，领有精兵数千，且长年征战，屡率大军，开国有功。他一向勇猛鲁莽，野心勃勃，力图执掌军政大权，睿王一死，必怀代弟专权之心。正白、镶白、正蓝三旗是威胁福临的心腹大患。

其二，王权强大，君权难伸。旗主制的存在，诸王统军议政，几十年来尤其是入关以来的南征北战，使宗室王、贝勒、贝子、公掠夺了大量人口马匹银帛，计丁授田，占有辽阔庄地，因而兵丁众多，仆婢如云，战马上千，兵力、人力、财力皆很雄厚。王权具有强大的坚实基础，这就必然严重威胁了君权之尊严和巩固。兼之，入关以后新建的各省绿营兵数十万人中，不少提督、总兵官、副将是下五旗的将领，各省总督、巡抚、布政使、按察使等方面大员，中央部院尚书、侍郎，也有不少下五旗之旗员，他们仍是本旗旗主的属人。这更增强了下五旗旗主的势力，从而在政治上、军事上、经济上为裁抑王权提高帝威设置了不少障碍。不削弱王权，不加强君威，那么，就还会有第二个、第三个多尔衮出现，大清国皇帝就不能成为名副其实的至尊无上之天子，御座就难稳如泰山，就会动荡飘摇。

其三，支柱分崩离析，两黄旗已非帝所有。就形式而论，正黄、镶黄、正蓝三旗之旗主仍是皇上，多尔衮虽已将正蓝旗置于己之控制下，但仍声称系暂时借调，待皇上亲政后归还，当然这只是说说而已，实则是并吞而非借用。而且，两黄旗主要大臣已各奔前程。七年以前议立肃王豪格为君的八大臣中，图赖、图尔格、塔瞻三人已死，索尼革职籍没充发盛京，锡翰、巩阿岱、谭泰已背叛先帝幼君，投靠睿王多尔衮，只剩下鳌拜一人，虽仍未背誓，忠于幼帝，仍任镶黄旗护军统领，但时遭摄政王斥责，势力甚弱。此时正黄、镶黄二旗固山额真、护军统领、内大臣、一等侍卫、梅勒额真等二三十人中，不少已成为睿王之臣，一些人心有疑虑，敢直接显露出对帝忠贞不贰者甚少，能否将其中大多数人重新争取过来为帝效劳尽忠，是直接关系到福临帝位安危的一个重要因素，前途尚难预定。

这还是只从朝廷内部从八旗之间关系来看，若从八旗以外，从全国形势看，爱新觉罗王朝，以满洲贵族为核心的清王朝，同样是乌云密布，飘摇动荡。

由于摄政王多尔衮推行以圈地、投充、逃人、剃发、易服五大弊政为标志的民族歧视、民族压迫政策，全国爆发了大规模的抗清斗争，以大西、大顺农民军余部为主的抗清武装，风起云涌，遍及广东、广西、湖南、湖北、四川、云南、江西、贵州、浙江、福建等省大部分地区，清军的征剿及血腥屠杀，更激起以汉民为主体的各民族人民的反抗，七年来清廷虽先后派遣十几员大将军分赴各地剿杀，但战争一直未停止。此时云、贵、川、闽、湘、粤、桂等省仍基本上为反清武装占据，且不久大西军统帅李定国“两蹶名王”，南明延平郡王郑成功围攻江宁，朝野大震，这直接威胁到清王朝的统治。

另一大的难题是，明末清初二三十年连绵不断的战争，赋重役繁，以及贪官污吏的敲骨吸髓，严重地破坏了生产，田园荒芜，人丁稀少，百业凋敝，城镇残破，物价腾踊。直到顺治八年，官方册籍所载全国耕地才二百九十余万顷，比起 73 年前明万历六年(1578 年）的耕地面积，减少了四百多万顷。不恢复社会生产，不减少人民的负担，不使人民逐步摆脱水深火热饥寒交迫的苦难，人民不能安居乐业，清王朝就不能安宁，载舟之水，便将覆舟，“寇盗”便会因穷因乱而不断出现和大规模地发展。

与此相联的第三个大难题是，军费开支浩大，入不敷出，部臣束手无策。清军入关，明王朝覆灭，本应是兵饷由多减少的一大转折机会。明末养兵一百余万，每年加征“辽饷”、“剿饷”、“练饷”两千余万两赋银，仍然入不敷出，经常因长期拖欠饷银而发生兵变。摄政王多尔衮凭借八旗军和平西王吴三桂、定南王孔有德等四王一公的汉兵，共十一二万人，不到两年就分路击败了大顺、大西军和南明福王、鲁王、唐王的二三百万军队，统一了大半个中国，有此以少胜多的无敌劲旅，何愁不能“绥靖疆域”，当然不需再养上百万绿营兵分戍各地，有二三十万人负责日常弹压地方缉捕小股“盗匪”便可以了，军费必比明末大大减少，顺治元年、二年、三年就是这样的。顺治三年定河南、湖广、江西绿营官兵经制。明末曾经百万大军鏖战多年、辖领一百一十余府厅州县的河南省，只设兵一万四千余名，其中，总管全省军政的河南巡抚，只有标兵二千名，全省只有三位总兵官，各辖标兵二千名，归德、汝宁、河南、卫辉三府各设参将一员标兵一千名，如斯而已。曾经多年战乱的湖广，虽辖湖南湖北二省一百五十余府厅州县，亦仅设绿营兵三万九千余名，其中，主管两省军政的总督，只有标兵三千名。素为兵家必争的军事要地江西省，也只有绿营兵三万名。皆比明朝减少了很多。在宁夏，明朝额设官兵三万余人，现定兵额才一万五千名，少了一半多。

可是，由于多尔衮的决策谬误，强制推行“薙发”、“易服”等民族压迫政策，大肆烧杀掳掠，致反清武装遍布全国，连陷州县，清廷急忙调兵遣将，先后派出十几位大将军分剿各地，原有的绿营兵不够用，便大量增加，而辖区却缩小了很多。这样一来，军费激增，收入却减少，直到顺治八年，清政府辖区的二百九十万顷田地，只能征收赋银两千一百万两、米麦豆五百七十余万石，怎够军费的开支，因而财政极其困难。

其四，八旗人丁太少，且难增加，严重削弱了清王朝的军事支柱。清帝一向视八旗尤其是满洲八旗为国之根本，多次下谕强调“满洲甲兵，系国家根本”,“平定中原，统一四海，悉赖满洲兵力”，现在要扑灭抗清武装及南明军队，以及巩固清王朝的统治，都要依赖八旗兵丁特别是满洲八旗士卒。然而，面对上百万的抗清士卒，面对一千七百余府厅州县的九州辽阔领地和居住在这个辖区中的一亿左右以汉族为主的各族人民，清帝所赖以存在的八旗人员，特别是满洲八旗，有多少人丁？结论是严峻的。入关前夕，满洲八旗有三百一十个牛录，蒙古八旗一百一十八个牛录，汉军八旗一百六十四个牛录，按当时规定一牛录大致为二百丁来推算，满洲八旗有男丁六万二千丁，蒙古军二万三千六百丁，汉军三万二千八百丁，总共约为十一万八千四百丁。这个数字本来就已经太少了，可是经过入关以后的长年征战，满洲人丁不仅没有增加，还在不断减少。顺治五年满洲八旗只有男丁五万五千三百三十丁，且多疲弱伤残，处境艰难，这怎么能肩负起“拱卫宸极”、“绥靖疆域”的重大任务！

还不要说沙皇俄国正虎视眈眈，不断侵占中国黑龙江流域土地，漠北喀尔喀蒙古、漠西厄鲁特蒙古都与清廷有过纠纷，朝鲜亦是贡而不忠，心怀故明。这些因素，皆足以使清帝御座飘摇动荡，必须认真对待，妥善处理。

二　勒令英王自尽　黜其宗籍

顺治八年（1651 年）正月十二日，还差十八天才十三周岁的少年天子福临，按当时习惯算法已是十四岁了。这一天的上午，他正端坐在太和殿宝座上，举行亲政大典，接受王公大臣叩拜。

尽管面临重重困难，荆棘遍地，危机四伏，但从其亲政以后所作所为来看，这位少年天子并未为困难吓倒，相反却是胸怀壮志，勇创伟业。

少年天子要想励精图治，做一番轰轰烈烈的大事业，首先就要掌握军政大权，做一个名副其实的至尊无上之天子。为此，必须先从睿王府夺回其攫走之权力，削弱白旗诸王势力，这本来很难。多尔衮苦心经营多年，网罗了一批党羽，他和其弟豫亲王多铎虽已去世，但其兄英亲王阿济格仍辖有 20 个牛录，且长年征战，开国有功，如若他和多尔衮亲近大臣勾结，以二白一蓝三旗之势，是不好对付的。然而，天赐良机，阿济格竟与摄政王之亲信闹翻了，为福临夺回大权提供了良好条件。

顺治七年十二月初九日多尔衮去世，第三日阿济格遣人问正白旗大臣吴拜、苏拜、博尔辉、罗什："劳亲王系我等阿格，当以何时来？"吴拜等人私议：英王此言，系欲诱令我等归附于他，他若得到我们拥戴，"必思夺政"，遂增兵固守，防其作乱。阿济格又遣人召正蓝旗护军统领阿尔津及僧格，质问为何不让多铎之子多尼来英王府，指责两白旗大臣离间他与劳亲之父子关系。阿尔津向吴拜等人谈了会见之情，诸人商议后认为，英王欲掌握多尼，以得二白旗，然后"强勒诸王从彼"，"诸王既从"，英王"必思夺政"，遂报告与诸王。郑亲王济尔哈朗、巽亲王满达海对吴拜等大臣说：二白旗若属英王，英王必误国乱政，"尔等系定国辅主之大臣，岂可响彼"，今既发觉其别有用心，我等当"固结谨密而行"。英王又曾告诉郑王：多尔衮后悔抚养多铎之子多尔博，故收养劳亲入正白旗。此系暗示多尔衮欲以劳亲代替多尔博为其嗣子，让郑王依从英王。英王又告端重王博洛，要他们理事三王议立一摄政者。于是，吴拜等传集四旗大臣，揭发英王之过，诸王遂派拨兵役，于十二月十六日擒捕英王，押解至京。

福临对此行动异常高兴，当诸王、固山额真、议政大臣议拟幽禁英王夺其牛录籍没家产人口时，他全部依议，从而去掉了一个严重隐患。

从这件事自然会使他看清楚了四个问题。一是多尔衮虽然经营多年，独揽大权，尊为“皇父”，言出令行，诸王似乎全看他的脸色行事，争相献媚，但他也因此而结怨太多，成了众矢之的，一到时候，被他压抑的镶蓝、二红等旗王公就会猛烈反扑，此次郑王、巽王、端重王等同意白旗大臣意见，果断监禁英王，即系明证。二是睿王党羽有可能分化瓦解，转向幼君讨好。此次揭发并监禁英王，主要是多尔衮之心腹正白旗博尔辉等五大臣，便显示出这一兆头。三是八旗王公大臣值此政局即将巨变之时，必会观察风云，另行组合，且多会效力于帝。四是两黄旗固山额真、护军统领、前锋统领、内大臣、一等侍卫、议政大臣中，多数遭受多尔衮压抑，对正白旗大臣博尔辉等睿王党羽之口传王命，专横跋扈，极为不满，定会乘睿王死去之机，东山再起，坚定效忠皇上，发泄对睿王的怨愤，重担辅君治国重任。总之，局势已迅速向着有利于己的方向发展，必须抓紧时机，争取、利用愿意归附于己的王公，依靠两黄旗，分化二白旗，急剧扩大自己的统治基础，削弱和最后消灭睿王府势力，真正执掌军国大权，乾纲独断。

三　追罪睿王　焚尸扬灰

这时，福临肯定会对郑亲王寄予厚望。郑亲王济尔哈朗虽系太祖之侄，但深受太祖尤其是太宗的宠信和依赖，是太宗让他继承了镶蓝旗旗主之位，封授和硕亲王，实际上名列诸王之首，连礼亲王代善、睿亲王多尔衮亦俱排列其后。太宗去世后，他与多尔衮同为辅政王、摄政王，亦曾一度名列睿王之前。不料，多尔衮权势日大，不仅迫使郑亲王谦让退缩，甘愿降居睿王之后，而且入主中原以后，多尔衮初于顺治四年二月将郑亲王由摄政王降为辅政王，继又于同年取消其辅政王勋衔，改封其亲弟豫亲王多铎为“辅政叔德豫亲王”，并于顺治五年给郑亲王定上欲图拥立肃王为君擅谋大事等大罪，初拟议处死，改为革去亲王爵，降为多罗郡王，罚银五千两，夺三牛录。郑亲王不久虽复亲王爵，但一直被排挤，无权过问国政。郑亲王历经太祖、太宗、世祖三朝，身为镶蓝旗主，辖有满洲、蒙古、汉军、包衣两万余丁和一二十万人口，且系清朝开国七大亲王中唯一现存之王，因此，睿王死后，郑亲王济尔哈朗威望激升，自然而然地成为诸王之首，争取到郑亲王，就能左右诸王公，而郑亲王也极愿效忠幼帝，重执朝政，痛惩死敌，削弱白旗势力，双方一拍即合，于是清廷很快发生了几件大事。

当顺治七年十二月十七日摄政王多尔衮柩车至京时，福临一方面表示万分悲痛，隆重办理丧事，且下诏追尊多尔衮为懋德修道广业定功安民立政诚敬义皇帝，庙号成宗，将其夫妇同祔于太庙，大赦天下，但同时即遣臣将摄政王府所有信符及赏功册收贮大内，并于十二月二十六日召集议政王议政大臣开会，命谭泰、吴拜、罗什传谕议政王大臣，说：国家政务，悉以奏朕，朕年尚幼，未能周知人之贤否，吏刑户三部尚书及正蓝旗固山额真缺员，可会推贤能之人来奏。诸王、议政大臣遇紧要重大事情，可即奏朕，其余细务，令理政三王理之。谭泰、吴拜、罗什奏称：议推大臣，恐不免稍迟。福临谕：迟而得当，何伤，但速而不得其人，是所忧也。于是议政王、议政大臣集议后上奏：吏刑户三部事务重大，应各设尚书二员，吏部拟任韩岱、谭泰，刑部为济席哈、陈泰，户部系巴哈纳、噶达浑，工部任蓝拜，调亲王多尼于正蓝旗，以韩岱为固山额真，阿尔津为护军统领。福临批准所奏。

这是福临第一次亲理朝政，也是这位此时才 13 岁的天子第一次显示他的治国之才。他的口谕表明，他很谦逊，大有礼贤下士虚心纳谏之名君风度，对诸位议政王、议政大臣十分信任和依赖，尊重他们，征求他们的意见，委授治国重任于他们，与十几天以前逝世之独裁皇父多尔衮迥若两人。多尔衮独断专横，视诸王为臣属，视诸大臣为奴，随意斥责怒骂和惩处，诸王、大臣根本没有处理政务之实权，早就引起诸王大臣不满，他们当然欢迎即将亲政的皇上有这样的风度和对他们的器重。福临的口谕又表明，他虽彬彬有礼，尊重诸王诸大臣，但他并不糊涂，他以文雅温和的口气和简短的三句话，讲明了三个问题：其一，尚书、固山额真之缺员，由议政王大臣会议推贤能者上奏，最后决定权仍在帝之手中。其二，议政王大臣遇有紧要重大事情，可以也必须上奏，决定权仍属幼君。其三，细务由理政三王处理。三点集中为一，即现在重大事情重要员缺之最后决定权由皇帝掌握，诸王、诸议政大臣各有相当之权力，与以前纯系摄政王之奴仆大不相同。对此，议政王大臣中的大多数，必然是心悦诚服的，必然大大提高幼帝之权力和威望。

议政王大臣遵谕议推四部尚书及正蓝旗王、大臣人员，福临予以批准。这又是福临的一个胜利。新任尚书的谭泰、韩岱、济席哈、陈泰、蓝拜、噶达浑六人中，正黄二人，镶黄、正红、正蓝、镶白各一人，没有一人是正白旗。正黄、镶黄是太宗亲领之旗，正蓝虽被多尔衮强行借走，但多尔衮一死，显然也非其嗣子多尔博所能控制，镶白虽系豫亲王多铎之旗，但多铎已死，其子亲王多尼年幼，此时又被调往正蓝旗，以韩岱为固山额真，以揭发英王的阿尔津为护军统领，镶白旗实际上已成为无王之旗，当然要归朝廷调遣。

因此，议政王大臣遵旨议准新任尚书一事，清楚地表明了多尔衮的白旗势力遭到严重削弱，其兼领亲侄多尼的镶白旗已被夺走，多尼虽调为正蓝旗旗主，但乃系空头司令，不能统辖。相反，福临的两黄旗迅速恢复元气和强大，形势正朝着有利于少年天子乾纲独断的方向发展。这是福临的一大胜利。

这一胜利还表明，福临夺回大权的总策略是十分正确的，第一次形成了以少年天子为首，郑亲王相辅、聚集一些王公大臣的联合阵线。于是福临和郑亲王便向睿王党羽博尔辉等正白旗五大臣开刀了。

顺治八年二月初五日，端重郡王博洛、敬谨郡王尼堪及两黄旗大臣向郑亲王济尔哈朗呈告：正白旗御前大臣罗什，护军统领、议政大臣博尔辉，镇国公、议政大臣额克亲，三等侯、内大臣吴拜，一等子、护军统领苏拜五位摄政王多尔衮之亲信近臣，曾向两黄旗大臣擅传王之遗命，命恢复理事王博洛、尼堪之亲王封爵，因月余未下复爵之谕，埋怨两黄旗大臣“迟延其事”，离间二王与两黄旗大臣，以及其他几件事。于是郑亲王以下，尚书以上，集议此案，议定其罪，向帝奏称：罗什、博尔辉动摇国事，蛊惑人心，欺罔唆构，应论死籍没。额克亲从直供吐，且原非奸佞巧辩之人，应除宗室为民，籍没一半家产。吴拜、苏拜革职爵为民，籍没绝大部分家产。福临批准其议。

罗什等正白旗五大臣之被重惩，实即是睿王将被追罪之序幕，也是皇上想利用和联合诸王讨伐多尔衮的明显标志，再过十天，这一大案终于发生了。

顺治八年二月十五日，睿王之近臣正白旗议政大臣苏克萨哈、护卫詹岱、穆济伦首告睿王死后，将私制八补黄袍等御用服饰置于棺内，睿王生前曾欲迁两白旗移驻永平府。福临闻此消息，自然十分高兴，立命诸王大臣审理。郑亲王济尔哈朗、理事王巽亲王满达海、端重亲王博洛、敬谨亲王尼堪同内大臣遵旨审理后，向帝奏劾睿王诸过，计有大罪十余条：以皇上之继位尽为己功；独专威权，擅作威福，一切政事和本章自行裁处，概称诏旨；不令郑亲王预政，擅令其弟多铎为辅政叔王；谋死肃王，逼纳其妃，夺其官兵财产户口入己；以朝廷自居，令诸王、贝勒、贝子、公等日候府前；府第、仪仗、音乐、扈卫人员，皆僭拟至尊，任意靡费国库钱财；“亲到皇宫内院”；诳称太宗即位“原系夺立”，逼取皇上侍臣归入己之旗下，哄诱皇上侍臣归附于己；私制帝服，藏匿御用珠宝；欲带其两旗，移驻永平府，等等。

郑亲王等奏称：“以此思之，多尔衮显有悖逆之心，臣等从前俱畏威吞声，不敢出言，是以此等情形，未曾入告。今谨冒死奏闻，伏愿皇上速加乾断，列其罪状，宣示中外，并将臣等重加处分。”郑亲王等并奏请处死睿王党羽何洛会、胡锡弟兄，籍没睿王所属家产人口入官，将其养子多尔博、其女东莪给予信亲王多尼。

福临立即批准其议，并颁追论睿王罪状之诏书，昭示天下。诏书最后称:“多尔衮逆谋果真，神人共愤，谨告天地、太庙、社稷，将伊母子并妻所得封典悉行追夺。”

睿王之正白旗转归皇上亲辖，其府宅入官，陵墓被毁，其尸体被挖出来，用棍子打，用鞭子抽，最后砍掉脑袋，暴尸示众后，焚骨扬灰。

不久，福临、郑亲王又将背叛皇上投靠多尔衮的两黄旗的大学士刚林，一等公、吏部尚书谭泰，睿王党羽满洲白旗人三等子、固山额真何洛会及其兄胡锡等磔死籍没，原英亲王阿济格及其子原亲王劳亲勒令自尽。曾经叱咤风云消灭敌军二三百万，言出令行的“皇父摄政王”多尔衮，至此成了被打入十八层地狱的厉鬼。

四　扶植亲信　重用效忠之臣

举行了亲政大典，追罪了“皇父摄政王”，惩处了睿王的重要党羽，固然使年方 14（周岁只有 13）的少年天子福临万分高兴，仰叔鼻息听人摆布的傀儡幼帝生涯一去不复返了，军国大事皆须向己启奏，似已成为君临四海的“大皇帝”，可以高枕无忧了。一般也认为此时福临已独掌大权，是真正至尊无上的天子，其实这种说法并不太准确，此时他还不能完全乾纲独断。聪睿的福临并未陶醉于已经取得的巨大胜利，他清醒地看到斗争并未结束，基础仍不巩固，离那真正的“至尊无上”的天子，还有相当距离。在决定军国大政时，他还受到八旗王贝勒很大牵制，尤其是郑亲王权势的迅速膨胀，更令他吃惊和不安。他，也许还有他那位史上罕有的聪睿绝顶机警果断的母后孝庄文皇后博尔济吉特氏，在共同回顾八年来的惊涛骇浪，在深思熟虑，总结经验，汲取教训。这对母子自然会清楚看出，最大的经验教训就是不应让诸王操纵政局，就是要有忠贞不贰的贤臣勇将，就是要牢固控制正黄、镶黄、正白三旗（通称上三旗）。崇德八年八月议立新君时，若不是两黄旗大臣誓死力争，睿亲王多尔衮早已夺取了君位。顺治初年，若不是两黄旗主要大臣发生了分化，拜尹图、锡翰、巩阿岱、谭泰等人背叛旧主，投靠睿王，图赖、塔瞻、图尔格病逝，如果两黄旗数百员固山额真、护军统领、前锋统领、内大臣，一二等侍卫、尚书侍郎遵照盟约，誓死保卫幼主，多尔衮就不得不考虑两黄旗数万精兵骁将的态度，就不敢窃据军国大权为所欲为，就不能也不敢如此欺侮幼君。现在正黄、镶黄、正白三旗人丁兵将，几乎等于正蓝、镶蓝、正红、镶红、镶白五旗（通称下五旗）的总数，只要通过上三旗中一批忠于朝廷的大臣，牢固控制住上三旗，就有了雄厚的政治、军事、经济基础，就可保君主高枕无忧，就不怕下五旗王公造反。

因此，福临从亲政开始，便一面对八旗大臣普施皇恩，嘉奖迁升赏赐，一面竭力栽培扶植擢升忠于朝廷之臣，尤其是两黄旗大臣。就在追罪摄政王多尔衮之后第六天，顺治八年二月二十七日，遏必隆、希尔艮、希福、祖泽润、噶达浑、敦拜、觉善、马喇希等呈诉被革职削降世职及籍没家产，“悉属冤枉”。过了几天，闰二月初四，扬善、罗硕、俄莫克图、伊成格的家属也申诉为何洛会诬讦，无辜受罚。其他一些为睿王惩治之人亦上告。这大体上是因被肃王、郑亲王之案而株连的。议政大臣扬善及其子内国史院学士、甲喇章京罗硕、固山额真俄莫克图、甲喇章京伊成格，系于顺治元年四月被睿王党羽何洛会诬告他们欲与肃王谋乱，而被处死籍没的。遏必隆系于顺治五年因被指控曾与兄图尔格等人议立肃王，对抗睿王，被革去侍卫，夺世职及牛录。希尔艮因顺治五年肃王冤案，降三等男世职为三等阿达哈哈番。希福于顺治元年八月开罪于谭泰及擅传睿王之言，被革大学士为民。祖泽润于顺治五年以劾奏英亲王阿济格倚势勒索，被革去固山额真，削除三等子世职。噶达浑、敦拜、觉善、马喇希则以随多尔衮出猎时，私行射猎，分别被革职和降世职。顺治帝对这些冤案或过分惩处之案，皆予以平反昭雪，复职复爵，他还特别从中擢用嘉奖忠贞不贰、智勇双全或对追罪睿王立有大功之人。这主要是两黄旗大臣图赖、图尔格、遏必隆、陈泰、巴哈、鳌拜、索尼、希福及正白旗苏克萨哈等人。

图赖系费英东之第七子，历任护军统领、固山额真及征南大将军博洛之副帅，军功累累，晋封至一等公，顺治三年卒于军中，顺治五年因曾谋立肃王被追罪，革其子辉塞所袭之一等公爵。顺治帝思念图赖旧功及被冤处，命配享太庙，谥昭勋，立碑纪绩，复其子辉塞一等公爵。图尔格是开国元勋额亦都之第八子，娶和硕公主，历任调遣大臣、固山额真、吏部承政、内大臣，因功封至三等公，顺治二年卒，顺治五年被追罪，削其子科布梭所袭之三等子。顺治帝命科布梭袭三等公，又晋为二等公。希福复任大学士，并因帝念其历事太祖、太宗，衔命驰驱，出使蒙古各部，尽心竭力，入关后未加封赏，故一年之中三次进封其至三等子。巴哈系费英东之侄。其父卫齐，历侍太祖太宗，授游击世职，为太宗信赖，每统大军出征，辄令卫齐留守盛京，任八门提督，卒后，追谥端勤。巴哈在太宗时即任至一等侍卫、议政大臣，顺治初从肃王豪格征四川有功，屡进世职至一等轻车都尉。顺治六年睿王攻山西大同姜瓖叛将，巴哈要求从征，睿王不许，巴哈气愤拂衣而起，被睿王惩治，论死罚银以赎。当时，睿王摄政，众皆谄媚或附从，“巴哈兄弟独不附”。肃亲王豪格冤死狱中，其子富绶尚幼，睿王令两黄旗大臣商议处置之法，巩阿岱恶狠狠地说“这种苗裔，不全诛灭，养之何用”，力主斩杀，巴哈及内大臣哈什屯坚决反对，富绶方免于难。巩阿岱、锡翰及内大臣西纳布库曾欲谋陷巴哈，未遂，顺治帝复授其为议政大臣，进领侍卫内大臣，加少傅兼太子太傅，世职累进至一等男。索尼、鳌拜、遏必隆及正白旗苏克萨哈，更受顺治帝宠信，分别擢任要职，封授爵职。

当然，少年天子也知不能仅重用两黄旗大臣，这会引起下五旗谋臣勇将不满，分化了八旗，故对其他旗效忠朝廷的能臣骁将，亦同样嘉奖升授。被睿王惩治的满洲正红旗梅勒额真、巴图鲁觉善，顺治帝复其世职，擢都察院左都御史，后进世职为三等子。他又擢镶蓝旗梅勒额真、侍郎蓝拜为尚书、固山额真，累进世职为二等轻车都尉。满洲正白旗星讷历侍太祖、太宗，崇德八年已因功任至梅勒额真、承政、护军参领，顺治初又再立军功，进世职为二等轻车都尉。顺治八年初惩治英亲王阿济格时，星讷过去曾为英王属员，被株连，革工部尚书、议政大臣和世职，但不久即被顺治帝谕复其尚书、议政大臣职，后又复其世职。

这样一来，少年天子赢得了八旗大多数大臣的衷心拥戴，组成了以索尼、鳌拜、遏必隆、巴哈、哈什屯等两黄旗大臣为核心的上三旗嫡系部队，为他独揽军政大权、乾纲独断奠定了雄厚坚实的基础。

此后，福临在一年以内，又相继采取了抑制王权、巩固帝位、提高君权的一系列措施。一是为无辜被睿王惩治迫害的王公平反，主要是为兄王豪格昭雪，复其亲王爵位，令其子年方八九岁的富绶袭爵，并封其为议政王。二是加恩宗室，封授或者晋升罪人之后和庶妃所生皇子，分别封为镇国公、辅国公、镇国将军、奉国将军，个别的，如皇兄硕塞，还封为亲王。三是优待郑亲王，封郑亲王为“叔和硕亲王”，封其长子为世子，二子、三子为郡王，但不令其辅政。四是取消诸王管理部务。五是扩大议政王大臣会议的成员和权限。六是严惩背叛幼君投靠睿王的正黄、镶黄大臣贝子巩阿岱、锡翰、贝勒拜伊图等人。这样一来，到顺治九年三月惩罪巩阿岱时，福临才成为真正的乾纲独断、无比威严的至尊天子。

第三章　倾心汉化　欲为明君

一 勤读苦读 博古通今

顺治帝福临六岁登基，由于摄政王多尔衮欲图长期独揽大权，故不为幼君配备名师，精心培育，群臣言及此事，亦借口推诿，或根本不予理睬。

既无师傅讲解督促，天真幼童岂不贪玩游耍？满洲习俗又是酷爱射猎，因此身为天下共主的小皇帝福临便成天嬉耍骑射，不读诗书。后来稍大一些，十二三岁时，或系聪睿母后密授秘策，或系帝已深知危境，故而有意韬晦于日猎玩乐，懒阅书籍。总之，顺治八年正月亲政之前，福临很少读书。

亲政以后，日理万机，哪有多少闲余时间潜心学习。照此看来，福临岂不成了一位腹中空空、呆笨低能、目不识丁的傻瓜皇帝？然而，事实截然相反。

从顺治八年正月亲政，到顺治十八年正月初七病逝，十年之内，这位昔不谙诗书的幼君，发生了巨大变化。他不仅不傻不孤陋寡闻，而且博古通今，熟谙经史子集，通晓治乱兴衰历史，且书画双妙，诗文皆工，精通儒释真谛，成为中国历史上罕有的英俊饱学之君。为什么会出现这种奇迹？他在顺治十六年与高僧木陈忞的一番对答，说清楚了这一奥妙。

据木陈忞所著的《北游集》载，有一天，顺治与木陈忞一起时，侍臣抱来一束书，约十余本，放在顺治面前。顺治对木陈忞说：此乃朕读过的书，请老和尚看看。木陈忞细看一遍，“比《左》、

《史》、《庄》、《骚》、先秦两汉、唐宋八大家，以及元明撰著，无不毕集”。顺治说：“朕极不幸，五岁时先太宗早已晏驾，皇太后生朕一人，又极娇养，无人教训，坐此失学。年至十四，九王薨，方始亲政，阅诸臣章奏，茫然不解。由是发愤读书，每晨牌至午，理军国大事外，即读至晚，然顽心尚在，多不能记。逮五更起读，天宇空明，始能背诵。计前后诸书，读了九年，曾经呕血。从老和尚来后，始不苦读，今唯广览而已。”

这番对答，清楚地显示了顺治帝为了治国理政，而发愤读书，在日理万机的异常忙碌形势下，从早到晚，抓紧诵读，九年如一日，勤读苦读到了呕血的程度，加上他的聪睿天赋，终于弥补了童年之耽误，博览群书，精通诸子百家，为他解决军政财经各方面的大难题，治理好大清国，创造了充分的学术、思想、文化条件。

福临除了深知孔孟之道，用以治国理政以外，对文学也有很高的造诣，这在他对历代名家的评论上，以及其对佳作之倒背如流，可以看得出来。《北游集》又载，有一天，福临与木陈忞“广谭古今词赋，谓词如楚骚，赋如司马相如，皆所谓开天辟地之文。至若宋臣苏轼前后《赤壁赋》，则又独出机杼，别成一调，尤为精妙。老和尚看者两篇，前后孰优？师曰：非前篇之游神道妙，无由知后篇之寓意深长，前赋即后赋，难置优劣也。上曰：老和尚论得极当。乃通诵前赋一篇，问师曰：念得不错么？师曰：不错。上复言：晋朝无文字，唯陶渊明《归去来辞》独佳。亦为师诵之。又诵《离骚》，至中间觉龃龉，乃曰：久不经意，忘前失后矣！”

顺治帝读书之博，求知之勤，悟性之高，实为罕见，令人敬佩。相传丘琼山进一寺庙，见四壁俱画《西厢》，丘遂问道：空门安能有此？寺僧答称：老僧从此悟禅。丘琼山又问：从何处悟？僧答：是怎当他临去秋波那一转。丘笑而点头赞同。

这“怎当他临去秋波那一转”，是《西厢记》中张生初见双文时所说之话，顺治时大文豪尤侗，一时心血来潮，以此句作为八股题目，按八股体例，戏作一篇，载入其所刻印的《西堂杂俎》。

顺治十五年的一天，学士王熙侍经筵，福临竟在这庄严的帝君讲学求知场合，谈起老僧四壁皆画《西厢》都在临去秋波悟禅公案来了。王熙奏称，尤侗曾著此文，帝“立索览，亲加批点，称才子者再”。第三年（顺治十七年二月），福临幸南海子，问新科状元徐元文与侗之师弟源流和受业本末，又对尤侗之作“大加称奖”。

不仅如此，当木陈忞至京后，帝又与他谈起此事。尤侗之《西堂集》卷首有《弘觉禅师（即木陈忞）语录》二则，略谓：“上一日叹新状元徐元文业师尤侗极善作文字，因命侍臣取其文集来，内有《临去秋波那一转》时艺，篇末云：参学人试于此下一转语。上忽掩卷：请老和尚下。师云：不是山僧境界。时异（木陈忞之弟子天岸异）首座在席，上曰：天岸何如？异曰：不风流处也风流。上为大笑。”顺治帝爱读《西厢记》，理解颇深，又懂八股文，故对尤侗之文击节叹赏如此。

福临还与木陈忞论学之时，互相考问。《北游集》又载：“上一日持一韵本示师曰：此词曲家所用之韵，与沈约诗韵大不相同。又言：《西厢》亦有南北调之分，老和尚可曾看过么？师曰：少年曾播阅，至于南北《西厢》，忞实未辨也。上曰：老和尚看此词何如？师曰：风情韵致，皆从男女居室上体贴出来，非诸词所逮也，师乃问上：《红拂记》曾经御览否？上曰：《红拂》词妙，而道白不佳。师曰：何如？上曰：不合用四六词，反觉头巾气，使人听之生趣索然矣。师曰：敬服圣论。”帝之评论《红拂》优劣，颇为中肯，其对诗词之音韵了解亦深，可见其文学造诣甚高。

福临虽然深居九重，却力访新出佳著，连远在千里之外的苏州名生金圣叹之新作亦已阅读，且加以中肯的评论。《北游集》又载，有一天，福临与木陈忞论学时，帝问道：“苏州有个金若泉，老和尚可知其人么？”木陈忞答称：“闻有个金圣叹，未知是否？”福临说：“正是其人。他曾批评《西厢》、《水浒传》，议论尽有遐思，未免太生穿凿，想是才高而僻者。”

《北游集》又载：“上读过底书，有制艺二百篇，皆洪武开科以来乡会试程文。师曰：此八股头文字，皇上读他何用？上曰：老和尚顾不知，那朕要覆试进士文章，如史大成、孙承恩、徐元文，三科状元，皆朕亲自擢取的，是敝门生也。”

二　屡幸内阁　探讨治国之道

大清王朝的江山，是以满洲官兵为主力打下来的，今后也主要靠八旗军尤其是满洲八旗王公大臣将士来保卫和扩展，因此必须“首崇满洲”，保障、维护八旗贵族大臣的特权和特殊利益，这是不容异议的。但是清帝是大清国亿万民众之君，他的子民绝大多数都是汉民，近亿汉民其他少数民族民众分居全国一千七百余府厅州县，仅靠区区五六万丁的满洲男丁，哪怕尽皆披甲当兵，也无法长期控制住汉民和其他族人员，大清王朝便难长治久安。另一方面，马上固然可以得天下，但却不能马上治天下。久居偏远山区的满洲，入关以后，面临辽阔领土，地形复杂，人口众多，言语不通，文字各异，风俗有别，民情不谙，恐怕即使诸葛再世，也无法单独治理国家，必须大量吸收其他族人才，尤其是汉族的有才之人。汉族有悠久的文化，人才济济，治国有道，统军有方，不做好汉民工作，不争取汉族的上层人士和有才之人，不“以汉治汉”，清王朝的统治就难以持久，就不能巩固。因此，少年天子福临在沿袭“首崇满洲”、“满洲根本”基本国策的同时，也继续执行并发展了祖先所定的“满汉一家”政策。

顺治经常驾临内院（内阁），和大学士们（主要是汉大学士）讨论前朝政事得失，评论帝王，从中记取经验教训，探讨治国之道。现以顺治十年正月为例。这个月的正月初二、初三、初四、初五、初六、十四日、十八日、二十一日、二十六日、二十九日、三十日，他来到内院11次，和大学士们相互问答，发表议论。他在正月初四日谕命诸臣直谏说：“朕虽不德，于古帝王纳言容直，每怀欣慕。”让臣子们放心直谏。

正月二十一日，福临到御马厂阅视马匹，观看睿王及一等侍卫巴哈之甲胄后，对大学士范文程等人说：“兵器固不可不备，然戈甲虽备，亦不可徒恃军威，军威虽盛，而德政不足以合天心顺民望，亦不可也。”范文程对答说：“诚如圣谕。”这再明显不过地表明，顺治帝福临决定按儒家王道仁政之说来治国理政。

正月二十六日，福临到内院阅吏部大计疏后，对大学士范文程等人说："贪吏何其多也！此辈平时侵渔小民，当兹大察之年，亦应戒慎。"范文程奏称：彼等平时未仕之时，亦知贪吏不可为，一登仕籍，则见利而智昏矣。帝就此评论说："此由平素不能正心之故也。苟识见既明，持守有定，安能为货利摇夺。"群臣皆顿首称赞。

正月二十九日，福临又到内院阅读《通鉴》，读到唐朝武则天之事时，对大学士范文程、额色黑、宁完我、陈名夏等人说："唐高宗以其父太宗时之才人为后，无耻之甚，且武则天种种秽行，不可胜言。"又问诸臣："上古帝王，圣如尧舜，固难与比伦，其自汉高以下，明代以前，何帝为优？"诸大学士对称："汉高、文帝、光武、唐太宗、宋太祖、明洪武，俱属资君。"帝又问：此数君中，"孰为优"？陈名夏回奏说："唐太宗似过之。"福临不以为然说："岂独唐太宗。朕以为历代贤君，莫如洪武。何也？数君德政，有善者，有未尽善者，至洪武之所定条例章程，规划周详，朕所以谓历代之君不及洪武也。"年方十五周岁的少年天子福临，居然能破除传统看法，首崇明太祖朱元璋，可见其之聪睿精细，独思创新，不囿旧说，哪怕是历代大儒名家形成之定论，亦不轻易相信、盲目服从，而是提出自己的看法。

正月三十日，顺治命图海召大学士陈名夏至，讨论治国之道。顺治问："天下何以治，何以乱，且何以使国祚长久？"陈名夏对答说："皇上如天，上心即天心也。天下治平，惟在皇上，皇上欲天下治平，惟在一心，心平治平，则治平矣。"帝又问："然其道如何？”名夏奏称：“治天下无他道，唯在用人，得人则治，不得人则乱。”“今皇上召见臣等，满汉一体，视如家人父子，自今以后，诸臣同心报国，不复有所顾惜矣。”顺治说：“君之有天下，非图逸豫乃身，当孜孜爱民，以一身治天下也。若徒身耽逸乐，又安望天下治平，惟勤劳其身，以茂臻上理，誉流青史，顾不美欤！然朕虽勤于图治，岂遂无过失，专赖卿等匡其不逮，倘朕躬有过，慎勿讳言。”

以上谈话，结合有关史料，清楚地表明了四个问题。第一，求知若渴，博览群书。顺治帝为了弥补摄政时期受到睿王限制而很少读书的损失，发愤攻读，经史子集无所不读，尤其是著名史籍，更是反复阅览，仔细思考，对前朝盛衰兴亡的历史十分熟悉。第二，胸怀大志，欲为明君。就在正月十一日，工科给事中朱允显在奏请开经筵之疏中，便讲道：“我皇上以尧舜自期，动合古道。”福临虽不好意思承认这一心愿，谦称难与尧舜比伦，但他却明确提出，他要“孜孜爱民，以一身治天下”，要“勤劳其身，以茂臻上理，誉流青史”，且评述千余年间之六位贤君，显然是以明君自期，欲图做番宏伟事业。第三，倾心汉化，以儒治国。正月里君臣之议论国事，基本上是儒家“文教治天下”之道，人事取例，是非标准，道德风尚，君臣楷模，治乱之因，皆以儒学为准，15周岁的少君福临，已成为深受儒学熏陶欲行仁政之帝了。第四，赏识汉官，倚其治国。入都燕京九年以来，只有现在才是“皇上日召见”汉大学士陈名夏等人，才是“满汉一体，视如家人父子”，时时事事询问于汉臣。顺治帝之倾心汉化，已为朝野共知。

三　重用饱学之士　参预机要

少年天子福临从顺治八年正月亲政伊始，即感到用人之重要，他的母后于八年二月十一日便诏谕爱子说："民者国之本，治民必简任贤才，治国必亲忠远佞，用人必出于灼见真知。"大学士陈名夏奏称："贞观之治，可比隆三代，惟能用人故耳。"大学士范文程等人在奉旨会推大臣时奏称："治天下首在用人，内而部院卿寺，外而总督抚镇，皆佐皇上经理天下之大臣也。"福临完全遵循母后的教诲，采纳了范文程等人的建议，对任用文臣武将，特别是委任大学士和九卿，非常重视，采取了一系列措施，力求选用贤才及合格之人。

其一，增加汉大学士名额。从顺治元年到顺治七年，汉大学士仅为满洲大学士、汉军大学士三分之一。顺治十年帝命内三院每院各设汉大学士二员，总共是六员，便超过了满洲大学士、汉军大学士的人数，此后直到顺治十八年，汉大学士都比满洲大学士与汉军大学士多。

其二，大量任用新人。到顺治十年、十一年以后，内院内阁的大学士，基本上都是由帝新委任的，旧大学士只剩下两三名。

其三，尽量擢用入主中原后取中的进士、庶吉士。顺治三年的状元傅以渐，顺治四年的状元吕宫，顺治三年的进士、庶吉士李蔚，皆擢升至大学士。

其四，培养见习，为康熙朝准备了一大批名相能臣。顺治帝亲政不过十年，从顺治三年举行第一次会试起，到其十八年正月病故，一共举行了七科会试。由于他英年去世，一些优秀进士、庶吉士虽然还来不及治理部院入阁拜相，但经世祖擢用培养，多已入值内廷，或为部院司员侍郎尚书，到康熙前期入阁拜相，成为创建“康乾盛世”的主要大臣。

徐元文，少年英俊，20 岁中举，顺治十六年 25 岁钦点状元。顺治帝召见元文于乾清门，谕以特简之意，“还启皇太后曰：今岁得一佳状元。赐其冠带蟒服裘靴，视旧有加”。元文后在康熙朝历任国子监祭酒、翰林院掌院学士、左都御史、刑部尚书和大学士。冯溥，顺治三年进士，选庶吉士，授编修，迁翰林院侍读学士，值讲经筵。“世祖幸内院，顾大学士曰：朕视冯溥乃真翰林也。”顺治十六年冯溥升任吏部侍郎，康熙六年迁左都御史，康熙八年擢刑部尚书，康熙十年升任大学士，直到康熙二十一年七十四岁时始致仕还乡。吴正治，顺治六年进士，选庶吉士，授编修，迁右庶子，十五年出任江西南昌道，迁陕西按察使，“所至以清廉执法著称”，十七年内擢工部侍郎，调刑部侍郎。康熙时历任左都御史、工部尚书、礼部尚书，二十年拜文华殿大学士。黄机，顺治四年进士，选庶吉士，授编修，迁侍读，再迁侍读学士、礼部侍郎，康熙六年进尚书，后任至大学士。宋德宜，顺治十二年进士，选庶吉士，授编修，屡迁至国子监祭酒，康熙时历任左都御史、刑部尚书、兵部尚书、吏部尚书，二十三年拜大学士。伊桑阿，满洲正黄旗人，顺治九年进士，累擢至内阁学士，康熙时历任吏户礼兵工部尚书，二十七年拜大学士。魏裔介，顺治三年进士，选庶吉士，历任给事中、都给事中，太常寺少卿、左副都御史，康熙三年拜大学士。熊赐履，顺治十五年进士，选庶吉士，授检讨，进侍读，康熙十四年超授大学士。李之芳，顺治四年进士，屡擢至郎中、御史，巡按山西，康熙时历任浙江总督、兵部吏部尚书，拜大学士。王熙，顺治四年进士，选庶吉士，屡受世祖嘉奖，十五年擢礼部侍郎兼翰林院掌院学士，为世祖起草遗诏，康熙时历任左都御史、尚书，拜大学士，为相二十年。陈廷敬、李天馥、吴琠等进士，在康熙时亦任至大学士。他们都为“康乾盛世”之奠立做出了重要贡献。

《清史稿》第二百五十卷记述了李霨、冯溥、王熙、吴正治、黄机、朱德宜、伊桑阿、徐元文、孙廷铨、杜立德、阿兰泰等十位大学士的事迹后，加以评论说：“‘康熙初叶，主少国疑，满汉未协，四辅臣之专恣，三藩之变乱’，‘台湾海寇’之横行，措置偶乖，皆足以动摇国本。霨、廷铨、立德、溥当多事之日，百计匡襄；熙预顾命，参军谋；正治等入阁，值事定后，从容密勿，随事纳忠；伊桑阿、阿兰泰推诚布公，受知尤深。康熙之政，视成、宣、文、景驾而上之，诸臣与有功焉。”

再次，慧眼识奇才，破格擢用卑微小吏。顺治帝虽特重庶吉士、进士，大量擢用汉官，倚任前朝旧宦（如陈名夏、金之俊等），但对非科举出身之能员，哪怕是职卑望浅，只要是确有真才实学，亦破格提拔重用，图海之起，即系明证。

图海，字麟洲，马佳氏，满洲正黄旗人，初系笔帖式，顺治初充中书舍人，“具文武才”。清人载述图海之被皇上擢用情形说：“初，公为中书舍人，负宝从世祖之南苑，上心识其人，欲重用之。

恐人不服，因谓众辅臣曰：某中书举趾异常，当置于法。众以无罪请。上曰：否则立置卿相，方可满其愿也。因立授内阁学士。”这是顺治八年的事。第二年授骑都尉世职，顺治十年四月，图海被擢任内弘文院大学士、议政大臣，顺治十二年又加太子太保，摄刑部尚书事，顺治十三年考满，加少保荫一子入监读书，又兼任都统，顺治十五年同大学士巴哈纳等校订《大清律》。三年之间由小小中书舍人一跃而为大学士，荣为三公三孤。

四　间掌部印　提高汉官职权

顺治皇帝在顺治十年正月、十六年十月，先后颁发了两道震惊朝野的谕旨。顺治十年正月初三日，他谕内三院：“朕稽历代圣君良臣，一心一德，克致太平，载诸史册，甚盛事也。朕自亲政以来，各衙门奏事，但有满臣，未见汉臣，顷经御史条奏，甚属详恳。朕思大小臣工，皆朕腹心手足，嗣后凡进奏本章，内院、六部、都察院、通政使司、大理寺等衙门，满汉侍郎卿以上，参酌公同来奏，其奏内事情，或未当者，可以顾问商酌。尔等传谕诸臣，务体朕怀，各竭公忠，尽除推诿，以绍一心一德之盛。”

顺治十六年十月初四日，帝谕吏部：“向来各衙门印务，俱系满官掌管，以后各部尚书、侍郎及院寺堂官，受事在先者，即著掌印，不必分别满汉。尔部即传谕各衙门一体遵行。”

这两道谕旨之所以会震惊朝野，主要是因为它道出了满官掌握实权，汉官只是虚列其位的情形，并要将此弊习予以革除，真正授予汉官较大的权力。入关初期，满洲尚书侍郎大多数是仅会清语清文（即满语满文），对汉文可以说是目不识丁，对中原王朝的历史、制度、典故、律例、例案也不了解，这样的门外汉，怎能处理纷繁复杂的部务？拿起汉字公文，看不懂，找人翻译，一则兼通满汉文者当时太少，二则既会满汉文又熟悉部务的更为罕见，怎能准确翻译？堂堂六部，是具体治理全国的最高衙门，每年要处理成千上万的事务。以吏部而言，它的总职掌是管理全国文职官员的任免政令，制定京内外各衙门文职官员名额，各衙门的官员或由吏部铨选，或由该衙门报部任用，并按规制领叙品秩，考核功过政绩，拟议升降赏罚，以及守制、终养、封衔、议恤、荫子、土官、世职等等问题。每一事务，每一问题，拟议之时，必须援引合适的例案律例，作为根据，否则便易发生差错，或虽无误，遇到别人驳议时，有例可援，也可持之有据，不易驳倒。“而例案之堆积，高与屋齐”，不要说不懂汉文的满洲尚书、侍郎、郎中、员外郎、主事，无法从中找到合适的例案，翻译也束手无策，事情就无法办理。汉尚书、侍郎、司官在办事上，当然比满官方便和高明，他们大都是科班出身，或系两榜进士，或系举人，既能随手翻阅，下笔千言，又善字斟句酌，还较熟悉典章制度、掌故例案，因此繁重部务主要是由汉尚书、侍郎和司官具体处理的，但满洲尚书侍郎官员有最后决定权。尽管在大多数场合下，是依汉官之议而行，但也有些事情却又系满官独主，汉官只能遵其意旨而选找例案理由，以作其议之根据和借口。这本来就已经大大压抑了汉官积极性，限制了汉官才能的发挥，妨碍了部务的正确妥善处理，而且，许多重大问题，非本部所能决定，必须奏报皇上，由帝亲裁。可是，入关以后十年里，各部院奏事，“但有满臣，未见汉臣”，汉官不能向皇上奏陈自己的意见，尽管满臣所奏并非汉臣赞同者，亦只好强抑己见，不能陈述争辩和驳议，当然是满臣主宰本部了。现在，两道谕旨的下达，授予了汉尚书、汉侍郎的奏事之权和掌印之权，汉尚书侍郎可以直接就本部之事向皇上呈奏，特别是当满汉尚书侍郎异议之事，这一陈奏权就给予了汉官很大的支持。掌印之权，更为重要，以往印归满官掌管，满官不同意之事，哪怕满尚书出缺或前往外地，只满洲侍郎在部，大印亦归这位侍郎掌管，他也就可否决或不理汉尚书之议，而按己意办理，盖上大印，上呈下达。现在谕旨规定不分满汉，但论就任先后，“受事在先者，即著掌印”，这样，汉尚书侍郎便可能有一半左右的时间掌管大印。因为，尚书之缺，经常变动，或因为帝赏识，擢用大学士，或调往他部及地方督抚，或因过降革外调，那么，即使先是满尚书就任，掌管大印，但他不可能久任不变，一旦调走，自然是由该部汉尚书掌印了。

顺治帝如此倾心汉化，提高汉官职权和地位，扩大汉官的影响，固然对军国大政的妥善处理，起了相当大的作用，但也招致满臣愤怨，满汉之争加剧。

五　“丁酉之狱”　严革科场积弊

正当顺治帝大开科举广选英才之时，突然于顺治十四年（丁酉年）传来了科场舞弊之讯，顿时龙颜大怒，要求立即严办。这一年的科场案，一般称之为“丁酉之狱”，主要是北闱顺天和南闱江南，另外河南、山东、山西，考官试卷之中有不合程式者，亦遭惩罚。现着重叙京闱、南闱之案。

其实，科场舞弊由来已久，明季即已盛行。史称：“科场之事，明季即有以关节进者。每科五六月间，分房就聘之期，则先为道地，或伏谒，或为之行金购于诸上台，使得棘闱之聘，后分房验取如操券而得也。每榜发，不下数十人。至本朝而益甚。顺治丁酉壬子间营求者蝟集，各分房之所私许，两座师之所心约，以及京中贵人之所密属，如麻如粟，已及千百人，闱中无以为计，各开张姓名，择其必不已者登之，而间取一二孤贫以塞人口，然晨星稀点而已。至北闱尤甚。北闱分房诸公及两座主，大率皆辇下贵人，未入场已得按图挨次，知某人必入，故营求者先期定券，万无一失。”

考前，顺治曾严厉训谕考官秉公取士，倘“所行不公”，前巡按顾仁贪赃枉法致处死，即为前车之鉴。然而，圣谕谆谆，前车之鉴（顺天巡按顾仁贪婪处死），并不能扑灭贪官索银卖衿之念，方犹、钱开宗、李振邺、张我朴等主考官及同考官，照样沿袭前任恶习，舞弊犯法。顺天乡试同考官李振邺、张我朴更为放肆。他们力图通过此科，“纳结权贵，以期速化，揽以名下，以树私人”，“爵高者必录”，“财丰者必录”，仅李振邺一人便“在处所通关节者有二十五人”。榜发之日，录取二百零六名举人，“人情大哗”。

经言官举劾，吏部、都察院奉旨查实，顺治大怒，命将纳贿卖衿的同考官李振邺、张我朴处死，并亲自覆试取上的举人，合格者仍为举人，不合格的则是以银买的，王树德、陆庆曾、孙畅等二十余名考生，免死，责四十板，与父母等流徙辽宁尚阳堡。

至于江南乡试的弊案，处罪更重，两位主考官和十七位同考官，立即绞杀，妻子、家产籍没入官，家人流放吉林的宁古塔。经帝面试不合格的举人，方域等十四名，文理不通，革举人，连同父、母、妻、子、兄、弟流放宁古塔。

在这次“丁酉科场案”中，覆试不合格而被认定是“贿卖举人”中，固然多系腹中空空花银买功名者，但是也有几位确是有真才实学的才子，他们因为覆试时的肃杀气氛，吓破了胆，而出了差错。最显著的例子就是江南乡试取上的举人吴兆骞。吴兆骞是江南名士,“善属文”，考试之事，本系易如反掌，不料，州县押解，千里迢迢，道途艰辛，身心交瘁。皇上亲自覆试之日,“堂上命二书一赋一诗，试官罗列侦视，堂下列武士，锒铛而外，黄铜之夹棍，腰市之刀，悉森布焉”,“每举人一名，命护军二员持刀两旁，与试者悉惴惴其慄，几不能下笔”，而且,“不完卷者，锒铛入狱”。在此恶劣形势威逼之下，下笔千言的才子吴兆骞竟“战栗不能握笔”,“不能终卷”，从而险遭斩杀，最后连妻子、父母兄弟一起流放宁古塔。

顺康时期，许多名人学士为吴之冤屈鸣不平，作诗填词相赠，最著名的是吴伟业（吴梅村）之一诗和顾贞观的两词。大文学家吴梅村以诗《悲歌赠吴季子》赠与吴兆骞。其诗为：“人生千里与万里，黯然销魂别而已。君独何为至于此，山非山兮水非水，生非生兮死非死。十三学经并学史，生在江南长纨绮，词赋翩翩众莫比，白璧青绳见排诋。一朝束缚去，上书难自理。绝塞千里断行李，送吏泪不止，流人复何倚？彼尚愁不归，我行定已矣。八月龙沙雪花起，橐驼腰垂马没耳，白骨皑皑经战垒，黑河无船渡者几？前忧猛虎后苍兕，土穴偷生若蝼蚁，大鱼如山不见尾，张鬐为风沫为雨。日月倒行入海底，白昼相逢半人鬼。嘻嘻乎，悲哉！生男聪明慎勿喜，仓颉夜哭良有以，受患祗从读书始，君不见吴季子。”

梅村此诗，描景抒情议事皆佳，实为绝唱之作，其最末两句“受患祗从读书始，君不见吴季子”，更点明了吴兆骞系含冤流徙。

被誉为“词家三绝”之一的大词家顾贞观，与吴兆骞系好友，当吴远流之后，为此冤案，特写《贺新郎》（亦名《金缕曲》）二首相寄，题为《寄吴汉槎宁古塔，以词代书》。第一首为：

季子平安否？便归来平生万事，那堪回首！行路悠悠谁慰藉？母老家贫子幼。记不起从前杯酒。魑魅搏人应见惯，总输他覆雨翻云手。冰与雪，周旋久。泪痕莫滴牛衣透。数天涯，依然骨肉，几家能够？比似红颜多命薄，更不如今还有。只绝塞，苦寒难受。廿载包胥承一诺，盼乌头马角终相救。置此札，君怀袖。

第二首为：

我亦飘零久。十年来，深恩负尽，死生师友。宿昔齐名非忝窃，试看杜陵消叟，曾不减夜郎僝僽。薄命长辞知己别，问人生到此凄凉否？千万恨，为君剖。兄生辛未吾丁丑。共些时，冰霜摧折，早衰蒲柳。词赋从今须少作，留取心魂相守。

但愿得河清人寿。归日急翻行戍稿，把空名料理传身后。言不尽，观顿首。

这两首词，情深意浓，念友心切，悲惨凄然，字字是血，声声是泪，读后令人无不悲从中来，凄然泪下。据说大词家纳兰性德见此词后，泣曰："山阳思旧之作，都尉河梁之什，并此而三矣。"遂竭力奔走求情，筹措赎金，名人学士达官，争相捐助，吴兆骞得以离戍返归。

吴兆骞之革举远戍，实为冤屈，被罚之举人连同父母妻子兄弟流放边远荒凉之地，亦系太重，这是事实，但并不能因此而否定顺治皇帝对科场舞弊的惩处。士子献金求中，考官纳银受贿，本来就犯了贪婪之罪，国法不容，行贿者与受贿者皆应惩治。何况其他贪污案件之后果，大都不如科场舞弊危害严重。有清一代，科举为做官之正途，尤其是知县以上内外文武官员，大都由此而出。设若科场贿赂盛行，有银即可入学中举名登进士金榜，荣为状元、榜眼、探花，他日为官，必然贪婪虐民，那时内阁大学士、九卿、司官，外而总督、巡抚、司道、州县官员，岂不皆成为贪官赃官，形成"政以贿成"的混浊局面？于国于民，害莫大焉。因此，顺治帝严革科场舞弊，是完全正确的，也起到了革明季颓风树清初新习的作用。《清史稿》赞其严惩顺天、江南纳贿坏法之考官及贿中式之举人说："一时人心大震，科场弊端为之廓清者数十年。"此见还是比较符合历史实际的。

第四章　岁缺巨饷　决不加赋

一　国库如洗　开支浩繁

少年天子福临亲政以后，首先碰到的一大难题就是国库如洗，开支浩大，入不敷出，岁缺巨额兵饷。

顺治八年（1651 年）三月初六日，福临与户部尚书巴哈纳等人的一番对话，很有价值，最能显示此时大清王朝财政极端艰难的情形。帝问：各官俸银，用需几何，应于何月支给，大库所存，尚有若干？巴哈纳奏：俸银于四月支给，共需六十万两，今大库所存仅有二十万两。帝言："大库之银，已为睿王用尽。"

京师各部院文武百官年俸六十万两，并不算多，为何大库无银支付？还有哪些较大的必需费用？联系时局，此事不难解答。官俸之外，还有很多费用，数量最大者莫过于兵饷。

由于多尔衮摄政时的诸多弊政，激起抗清斗争遍及全国，持续不断，为了征剿，需增支兵弁将领行粮、马匹饲料和军装、武器、弹药费用，数目本已巨大，而为了保证旗开得胜，消灭敌方，必须增派士卒，必须招抚编纳降兵降将，这又使兵额大增，从而使兵饷开支急剧上升。

以四藩为例，顺治六年五月遣定南王孔有德率旧兵三千一百名及新增之兵一万六千九百名，共二万，往剿广西，携家驻守，新增之兵多于旧兵五六倍。靖南王耿仲明率旧兵二千五百名及新增兵七千五百名，平南王尚可喜率旧兵二千三百名及新增兵七千七百名，共二万名，往剿广东，携家驻防，新兵比旧兵多四倍余。平西王吴三桂进攻四川，所增之兵更多。

为取四川，陕西增兵，粮饷浩大。兼督四川兵马钱粮的陕西总督孟乔芳于顺治十年奏陈兵多饷巨地方难支之情：

> 陕西七镇及督抚各标为兵九万八千有奇，合满洲四旗及平西王吴三桂、固山额真李国翰两军，岁饷三百六十万而弱，而陕西赋入一百八十六万，不足者殆半，后将难继。

兵在增，饷在加，可是清政府却又未能统辖全国，一些省虽名义上归清所属，设有总督或巡抚，但兵火连年，府厅州县常被大西军大顺军夺据，这自然影响到田赋、丁税、盐课、关税等项收入。直到顺治八年十二月，官方册籍所载清政府辖区的人丁只有一千零六十三万三千二百二十六丁，田地山荡二百九十万零八千五百八十四顷余，只征银二千一百一十万零一百四十二两余和米麦豆五百七十三万九千余石，另征盐课银一百九十六万余两，而七十多年前明朝政府却有征赋田地七百余万顷，比此时田亩多了将近二倍。

收入本来不太多，可又不能全部收齐，地方拖欠赋银的情形相当普遍，数量很大。例如，江西省积欠粮银达一百五十五万余两，财赋重地之江南省，自顺治八年至十三年，积欠钱粮四百余万两。从顺治元年至十七年，除去多次大规模蠲免以外，各省“拖欠银共二千七百万两有奇、米七百万石有奇”。就连朝廷和京师官民食用所需的“漕粮”，亦大量拖欠，在顺治元年至七年里，共欠漕粮三百余万石。

堂堂一个国家，支出并非只有京师官俸和地方兵饷，还有许多项目。天潢贵胄，从和硕亲王起，皆有俸银禄米，亲王岁俸万两，米五千石，亲王世子六千两、米三千石，郡王五千两、米二千五百石，郡王长子三千两、米一千五百石，贝勒二千五百两、米一千二百五十石，贝子一千三百两，镇国公七百两，辅国公四百两，镇国将军、辅国将军、奉国将军、奉恩将军亦各有俸银，禄米按俸银每二两给米一石。皇上、王公将军之女及女婿，也有岁俸禄米。宗室王公以外的异姓贵族公、侯、伯、子、男爵及轻车都尉、骑都尉、恩骑尉等世职，亦有俸银禄米。外藩蒙古王、贝勒、贝子、公、台吉等人也有俸禄，科尔沁部土谢图亲王、卓礼克图亲王、达尔汉亲王年俸各银二千五百两、缎四十匹，其他苏尼特等部亲王各银二千两、缎二十五匹，亲王世子、郡王、贝勒、贝子、镇国公、辅国公、台吉依次减少。这些内外王公贵族俸银总的数量也是相当大的，不会比京师百官俸银少。

中国土地辽阔，地形复杂，一年之中，不是南涝北旱，就是风灾蝗灾，总有一些省府州县发生灾害，赈济之银米，数量很多，受灾地区，自然不能照额定赋税征收，需要蠲减，但这又会影响国库收入。为保漕粮源源不断运到京师，供京师天子王公大臣、将士平民食用，为减少水灾，每年用于治河治江的费用也很大（后来康熙后期，岁拨河工银三四百万两）。接待外藩和外国使臣，赏赐款待，需银不少。宫廷开支更是一笔大的数字。因此，户部、光禄寺、工部、礼部每年都要支出数以十万计甚至百万两计的巨额银两。尤其是顺治年间，为了修建几乎被大顺军烧光了的众多宫殿，更用了巨额银两。加上摄政王多尔衮晚年挥霍浪费，为自己及豫王多铎、英王阿济格大修府第，"糜帑数百万，致兵饷空虚"。

正是由于兵饷、官俸、王禄、大工、赈济、宫费等等大量开支，国库如洗，财政极端困难，严重威胁了清王朝的统治，妨碍了统一全国战争的进行，必须设法解决。

二 痛斥括银谬议 处治求官图利小人

借口为朝廷增收解困，一些奸邪小人纷纷奏呈搜括银财的邪门歪道。原任曹州副将许武光居然于顺治八年八月上疏奏称：开封曾被水淹，明周王府内，"有银二三百万不止，曾被沉压，乞假臣三年之工，搜尽天下遗银，以资兵饷"。许武光心术太坏，巧言佞辞，很能惑人。明朝第一代周王，是明太祖朱元璋之皇五子，洪武三年封，十四年就藩开封，以宋朝故宫之地为府，除上万顷王府庄田外，岁禄就有米二万石，延续至明末，长达二百六十年，确有巨万银两，珍宝无数。明末李自成率军攻开封时，当时的周王出库银五十万两赏赐守卒，后被农民军决河灌城，"府中分器宝藏尽沦于巨浸"。周王府是有巨万银两珍宝，也确系为水所淹，好像似应挖掘出来，变无用为有用，仅此一项，就可得银二三百万两，超过河南全省岁赋一倍，当会对改善财政困窘状况大有裨益。而且，明朝几十位亲王郡王，还有众多勋贵富商，也会有大量埋藏在地下的财宝。时人传说，大顺军李自成入据北京时，“所掠金银，俱倾成大砖，以骡马骆驼驮往陕西。旧有镇库金积年不用者三千七百万锭，锭皆五百两，镌有‘永乐’字，每驮二锭，不用包裹”。此后散失。大西军张献忠搜获巨万银两珠宝，埋沉于成都锦江里。若照许武光所言，三年之内，“搜尽天下遗银”，为数何止亿万，兵饷哪能不足！但若真的如此办理，掘银之官吏役夫，必用数十万人，刨遍全国各省府州县，其掠民之惨，剥民之苦，扰民之害，远逾洪水猛兽，必将造成空前悲剧，民之家破人亡者，何止千千万万，国必大乱。

聪睿英俊、励精图治的少年天子，看透了许武光系借此求官牟利，下谕痛斥其非说：“帝王生财之道，在于节用爱民，掘地求金，亘古未有，倘此议一行，恐生事扰民，深属未便。许武光借端求官，兼图牟利，殊为不合，著交与该城御史斥逐。”

求官图利之小人，岂止废弁许武光，身为相当于汉侍郎或省按察使的正三品之阿达哈哈番（即轻车都尉世职）张国材，以兴修宫殿木材不敷，而奏请“开采云雾等山”。这又是明朝一大弊政的再版。明为修殿，遣派官吏，督率民夫数千数万，前往深山峻岭采木，常常耗银数百万，死人数以千计万计，闹得许多府州县民无宁日，流徙满路。顺治帝阅疏后十分愤怒，下旨严厉驳斥说：“采木修造，系工部职掌。张国材生事图利，屡行妄奏，奉有严旨，何得又差家奴，假充官员从人，直入太和门内渎扰，甚属可恶。张国材并代奏家人，著刑部严审定拟具奏。”随即将张国材革职，流徙盛京。

三　岁缺兵饷四百万　户部束手无策

由于南明永历帝的秦王孙可望、安西王李定国等据云南、贵州，攻占四川及广西、湖南、广东部分州县，声势浩大；永历帝的延平郡王郑成功，屡攻福建、浙江，并占据一些州县；川、滇、黔、湘、粤、桂、浙等省，或全省被占，或部分州县失守，军情紧急，清政府不得不增加士兵，予以反击，从而军费激增。据《清世祖实录》卷八四载：顺治十一年六月户部奏，"拨给十一年分各省镇兵饷银一千一百五十一万八千四百两"，"又应找拨陕西、广东、湖广等处兵饷银一百八十万两。又王公文武满汉官兵俸银一百九十万一千一百两"，而今年"该户部下银"，只有"一千四百八十万三千八百八十四两"，两相扣算，户部"不敷银四十一万五千六百两"。

过了两年，顺治十三年，形势更加严峻，岁缺兵饷银已达四百余万两。《清史稿》卷二四四《王命岳传》载，工科给事中王命岳奏："今国家所最急者，财也。岁入千八百一十四万有奇，岁出二千二百六十一万有奇，出浮于入者四百四十七万。国用所以不足，皆由养兵。各省镇满汉官兵俸米草豆，都计千八百三十八万有奇，师行刍秣又百四十万，其在京王公百官俸薪、披甲俸饷不过二百万，是则岁费二千二百万，十分在养兵，一在杂用矣。"王命岳建议，实行军屯，令各省驻防官兵分地耕种。奏上，"疏下各直省督抚，议格不行"。顺治十四年以后，每年兵饷更多达二千四百万两。

顺治十六年八月二十二日，户部左侍郎林起龙上疏，详述绿旗兵冗数多力弱之弊及解决之法。“今天下绿旗营兵，几六十万，每岁费用粮二百余万石，饷银一千余万两。”然而地方有事，即请满洲大兵，“是六十万之多，曾不足当数万之用”。其因有四，一为兵丁无实，将官赴任，召募家丁，随营开粮，军屯、伴当、吹手、轿夫，皆充兵数，地方铺户令子侄充兵，以免差徭，其月饷则归本管官员所得。二系马匹无实，马兵关支草料，多有扣克短少，驿递缺马，亦借营马应付，“是以马皆骨立，鞭策不前”。三是器械无实，弓箭刀枪盔甲火器等项，俱钝敝朽坏，三眼枪虽每兵一杆，然火门堵塞，等于无用，至于帐房、窝铺、雨衣、弓箭罩，从未见备。四乃训练无实，不举行春秋两操。

出现四“无实”大弊的原因是只求兵士数多和月饷太少。解决绿旗军不堪一击的根本办法是裁减冗兵，兵要精，饷要多，只养二十万人，给以四十万之饷。这样，就能做到兵强饷足，封疆巩固，库藏充溢，地方太平。

顺治帝读后深为赞许，认为此奏“深切时弊，多有可采”，令有关部门详议施行。

比林起龙之疏早八天，榜眼、翰林院掌院学士折库纳也上密疏，奏称“今天下钱粮，大半耗于绿旗”，而无实用，须裁老弱，选任勇将，“庶不致虚糜粮饷”，而地方有赖。这两位能臣虽讲清了绿旗的兵冗饷多不济实用的情形，但未能抓住绿旗兵弱的根本原因。因为“满洲甲兵系国家根本”，“拱卫宸极，绥靖疆域”这一基本任务，是由八旗军队尤其是满洲八旗军来承担的，故予以优厚饷银，而绿旗兵则主要是负责地方治安，对付小股反清武装，起配合的作用，但国家太大，一千七百余府厅州县，也需不少兵丁，所以绿旗兵不能减，兵饷也不能多给。一个多月以后，议政王大臣会议后奏称，不能大减，"应仍旧制"，即仍保持绿旗兵六十万人的编制。顺治帝批准其议。

这样一来，兵饷减不了，实行军屯，困难又多，曾经谕令清查拖欠的钱粮，实效也微，从顺治元年到十七年，全国积欠钱粮多达二千七百万余两和米七百余万石。真是心血费尽，束手无策。

四　免除筑城加派　蠲赋赈灾

顺治八年（1651 年）正月，年方 14 岁的幼君福临亲政以后，一方面是开支浩繁，军费激增，入不敷出，岁缺巨饷，国家财政极端困难。另一方面，由于连年战争，灾荒频仍，贪官污吏祸害百姓，以致兵民穷苦至极。这在十二年正月十九日福临谕吏部等衙门的四道谕旨中，表述得十分清楚。谕中说道："年来水旱相仍，干戈未息，满洲兵丁困苦至极，饥寒百姓转徙死亡……民穷莫拯，兵食不充……饥窘人民转徙沟壑，满洲兵士困苦无聊，灾变未弭，时艰莫救……朕既为生民主，一夫不获，时廑朕衷。""岂意比年以来，水旱频仍，干戈未靖，转输旁午，人不聊生，荡析离居，鬻及妻子，茕茕无告，辗转呼号，想其怨咨，必归于朕，言念及此，何以仰副祖宗付托之意，中夜以兴，潸焉出涕。"

这些谕旨，对当时军国大局、经济状况、社会面貌、吏治宦情和民生困苦、兵丁艰辛的情形，讲得非常清楚，可以说明很多问题，现仅就与顺治帝本身最有关系的两大问题，简述一二。第一，这些谕旨生动地、鲜明地、准确地、深刻地、形象地显示了少年天子的志向、性格、作风与此时的心情，即求治心切，恤兵爱民，勇于责己，迫切求计，焦心劳思，忧虑万分。第二，裕民无方，恤兵乏策。欲大施皇恩，重赏满兵，以固朝廷之根本，无银以付，要厚赐银米，赈济灾民，而“荒政未修，仓廪无备”，要大蠲钱粮，轻徭薄赋,“又恐国用不足”,“兵食不充”。一句话，无银无米，又不能大减额定赋税，这就是少年天子面临的严峻形势。

其实，换到另一位昏君或是平庸之君，他们并不会感到多么难办。顺治十三年兵饷二千万两，岁缺饷银四百万两，以后增为二千四百万，岁缺八百万两，朝廷也并不是毫无办法，只要加田赋就行了。顺治八年，全国登记在赋册上的田地是二百九十万顷，第二年四百万顷，每顷增收田赋二两银，就多收八百万两，就可以弥补缺额的兵饷了。一顷多征二两银，折算为一亩多征二分银子，折合制钱为二十文，在严令征赋的条件下，田地业主不至于死不交纳，抗赋欠粮。

但是，加赋历来被认为是祸国殃民的特大弊政。明末万历、崇祯两朝的“三饷”加派，即“辽饷”、“剿饷”、“练饷”三项，每年加派田赋银一千六七百万两，还有其他各种项目的苛敛，害得黎民家破人亡，流移满路，明王朝也随之覆灭。

殷鉴不远，众皆对加派深恶痛疾。故当顺治六年冬季江宁巡抚土国宝建议加派赋银以弥补兵饷之不足时，兵科右给事中李化麟立即上疏，痛加批驳说："加派乃明朝陋习，民穷盗起，大乱所由，我朝应运，首革此弊，年来东荡西除，兴师百万，未尝用民间一丝一粒。"终于否定其议。

欲为明君，欲行"仁政"的顺治帝，当然不能走这条路。所以，他不仅不加赋，还在亲政之后，立即下谕，免除摄政王多尔衮于顺治七年为修边外避暑之城而加派直隶、山西、江南、河南、湖广、浙江、江西、陕西等省的田赋银二百五十万两，停止筑城，并且，为了缓解兵民困苦至极之情，顺治帝还咬紧牙关，一再通过亲政大典、上圣母尊号等大喜时日，颁发恩诏，大赦天下，蠲免积欠钱粮和部分州县额赋，或革除某些非法科派。

顺治八年正月十二日亲政恩诏规定：各省由万历年间加派地亩钱粮（即"辽饷"），顺治八年分，准免三分之一。畿辅地方，原未派有万历年间加增地亩钱粮，其人丁徭银，各州县派征等则不一，顺治八年分，上三则免四分之一，中三则免三分之一，下三则全免。过了一个月，顺治八年二月十一日，以上昭圣慈寿皇太后尊号礼成，颁诏天下，加恩官民兵士，规定：各省人丁徭银，顺治八年分，上三则免七分之一，中三则免五分之一，下三则免三分之一。不分等则者，三钱以上，免一半，三钱以下，全免。

过了半年，顺治八年八月二十一日，以恭上昭圣慈寿恭简皇太后尊号，大赦天下，规定："顺治五年以前民间拖欠钱粮，悉与豁免。各处解送钱粮，途中遇贼劫夺者，查实豁免。漕船缺额，已准动支轻赍银两，责令运官自雇，不准重派地亩，又拿民船，以苏苦累。”

顺治十一年六月二十二日，又以恭上母后之昭圣慈寿恭简安懿皇太后尊号，大赦天下，恩款多条，其中规定：顺治六、七两年地亩人丁本折钱粮，果系拖欠在民，悉与豁免，其已征收在官者，不得借口民欠侵隐。大军经过地方，马匹所需，供应草豆运价等项，以后俱准作正项钱粮销算。近来司府州县征收钱粮，天平法码太重，多加火耗，民受困苦，著予严禁。各地徭役繁重，有豪绅、劣衿、衙胥积蠹，或本身田连阡陌，滥免差徭，或包揽他人田地徭丁，代为规避，偏累穷民，著予严察，重加惩处。直隶及各省征收钱粮，俱照万历年间则例，久已遵行，如州县官有将天启、崇祯年间滥加钱粮仍行征派者，该督抚纠参重处。

顺治十五年正月初三日，福临以母后病愈，颁诏大赦天下，顺治十年、十一年两年未完地亩人丁本折钱粮，著该抚按确察，果系拖欠在民者，具奏豁免。这两年祭祀牛羊、药材本折钱粮，拖欠在民者，抚按确察具奏豁免。顺治十四年以前各省牛角、皮料等项，未解完者，工部确察，照例改折，以纾民力。

顺治帝还多次下诏，蠲免无主荒地及遭受灾荒的州县钱粮。以顺治八年为例，二月，免山西朔州、浑源州、大同县无主荒地一万三千余顷钱粮，免山东汶上、寿张、宁阳、峄县六年分水灾额赋、金乡县七年分水灾额赋，又免山西荒地一万五千余顷额粮。闰二月，免宛平县本年分水灾额赋。十一月，免山西平阳、潞安二府及泽州、辽州、沁州所属州县七年分雹灾地亩额赋，免山西阳曲、五台、浮山、榆社七年分蝗灾额赋。十二月免江南潜山、太湖、桐城、宿松等县荒田九千余顷七年分额赋。再以顺治十年为例，三月，免山西被叛将姜瓖残破之山西奇岚、保德等七十四州县六年全部逋赋及未破城之代州、榆次等十二州县逋赋十分之七，免直隶蓟州、丰润等十一州县九年分水灾额斌，免山西五台县六七两年分未征额赋及八年分额赋之一半，以被贼蹂躏也，又免江西省六年荒残逋赋二十七万余两。四月，免湖南寇荒顺治六七八九年逋粮及山西夏县荒地九百余顷额粮。五月，免河南祥符、封邱、河内、孟州、温州、修武、临漳等县九年分水灾额赋，免湖广沔阳州、潜江、天门县八年分水灾额赋，免直隶霸州、保定、庆云、东光等三十一州县九年分水灾额赋。

对于遭灾严重地方兵民，除免赋外，顺治帝还拨发银米，遣官往赈。顺治十一年二月二十三日，他谕户部等衙门说：比年以来，兵事未息，供亿孔殷，加以水旱频仍，小民缺食，地方官不加抚绥，“以致流离载道”。“夫普天率土，系命朕躬，而困苦如斯，何忍闻见，朕为之寝食不惶。拯济安全，时不容缓。”户部等衙门凡有钱粮职掌在，即将现今贮库银两实在数目，作速查明奏闻。过了两天，二月二十五日，他谕告户部发银赈济畿辅饥民：“四海苍生，皆朕赤子，饥寒流徙，深切痛病。”前各省督抚奏明灾荒地方，已经查照分数，酌量减免，有极荒地方，非蠲免所能解救者，该督抚速行查奏，另加恩恤。“至于畿辅重地，房屋田土，多经圈占，加以去年水荒特甚，尤为困苦，朕夙夜焦思，寝食弗宁，亟宜拯救，庶望生全。”但荒政未修，仓廪无备，若非颁发内帑，何能济此急需。兹特命户礼兵工四部察发库贮银十六万两。母后闻悉，深为悯恻，发宫中节省费用及各项器皿，共银四万两，朕又发御前节省银四万两，共二十四万两，差满汉大臣十六员，分赴八府地方赈济。

过了几天，顺治八年三月初六日，福临敕谕前往赈灾的尚书、侍郎、左都御史巴哈纳、王永吉、刘昌、屠赖等十六位大臣，指授机宜说：兹命尔等齐银前往各府，督同地方官员，计口给赈，须赈济如法，及时拯救，毋论土著流移，但系饥民，一体赈济，务使均沾实惠。若有里甲人等，指称拖欠钱粮，夺取赈济银两，或富豪挟逼赈银，以偿私债，俱许饥民控告，即时重处。被灾人户已去复归者，倍与赈济银两，俾得复业。外境移来者，既与赈济，仍加意安插，使得其所。卫所屯丁，与百姓一体赈恤。他还为了在不动正额钱粮前提下，尽量减少官吏私派积弊，“庶使小民”遵依令式，便于交粮，几次下谕，催督编造《赋役全书》，终于在顺治十四年编成，颁示天下。

顺治帝福临的这些措施，以及下面即将谈到的严惩贪官、整顿吏治，虽然不能从根本上扭转民困至极的恶劣局面，但也可略苏其困，对减轻黎民痛苦，改善其艰窘处境，起了一定的作用，为促进社会生产的恢复与发展，提供了一些条件。

五　减存留银　裁减官、吏、役俸薪工食银

顺治十八年的进士，康熙时任至大学士兼户部尚书的贤相张玉书，总结性地概述顺治年间财政困难及少年天子福临理财之法：顺

治八九年间，岁入额赋一千四百八十五万，而诸路兵饷岁需一千三百余万，加以各项经费二百余万，出浮于入者八十七万。“至十三年以后，又增饷至二千万，嗣又增至二千四百万”,“饷额缺至四百万，而各项经费犹不预焉。国用之匮乏，盖视前代为独甚”。“而我先皇帝爱民如子”，于额赋之外，毫米不加。“汰冗员，抑繁费，躬行俭约，为天下先。自亲政以后，在宥十年，未尝兴一不急之工，采一玩好之物，军需浩穰，悉取给于节省之余，而发帑金以赈凶荒，赐田租以苏疾困”。

张玉书所说，顺治帝福临解决财政困难岁缺巨饷的办法，主要是汰冗节用。此说有一些道理。朝廷确实裁减了一些官员，比如，顺治九年四月，户部以钱粮不敷，遵旨会议后，议准裁去登莱巡抚、宣府巡抚和户礼工部制造等库内监三百余员，裁去总督、巡抚家人口粮，等等，但是，所裁之银并不多，杯水车薪，无济于事。

笔者认为，顺治帝有两条弥补缺银的重要措施，张玉书或者没有认识到，或者是虽已看到，但认为这是不好的措施，故为君者讳，而不明白地说出来。这两条措施就是裁减存留银和地方官吏俸薪工食银。

乾隆《大清会典则例》卷三六《户部》载：“州县经征钱粮，运解布政司，候部拨，曰起运”,“州县经征钱粮，扣留本地，支给经费，曰存留”。

顺治初年，也就是摄政王多尔衮主政时期，当时规定的地方存留银的数额和地方官、吏、役的俸薪工食银及公务费用银，是合适的、恰当的。地方的存留银与解运京师的起运银，二者之间的比例，基本上是各占征收钱粮的一半。有一年全国的存留银是一千零六十九万两，相当多了，足以支付地方官吏的俸薪工食银及各种必要的公务用费。总督、巡抚、知府、知州、知县的合法的正规收入也相当多。顺治元年规定，京师、地方文官，均按官品给俸银，正一品俸银二百一十五两，从一品一百八十三两，以下依次递减。顺治四年定，各省文官发给薪菜、烛炭、心红纸张、案衣、家具、修宅等银。现将顺治四年定的总督等官俸银及薪菜等银列一简表如下：

官名	俸银	薪银	蔬菜烛炭银	心红纸张银	案衣什物银	修宅什物银	迎送上司伞扇银	加俸银合计
总督	一百八十两	一百二十两	一百八十两	二百八十八两	六十两			八百二十八两
巡抚	一百五十五两	一百二十两	一百四十四两	二百一十六两	六十两			六百九十五两
布政使	一百五十五两	一百四十四两	八十两	一百二十两	五十二两	四十八两		五百九十九两
按察使	一百三十两	一百二十两	八十两	一百二十两	五十二两	四十八两		五百五十八两
道员	一百零五两	七十二两	五十两	五十两		五十两		三百二十七两
知府	一百零五两	七十二两		五十两	二十两	五十两		二百九十七两
知州	八十两	四十八两		三十两		二十两	十两	一百八十八两
知县	四十五两	三十六两		三十两		二十两	十两	一百四十一两

此表表明，顺治四年，地方官员的俸薪收入是相当多的。以管辖一省的巡抚为例，一年俸薪等银为六百九十五两，当时可买米七八百石，一石米为四百斤，即可买米三十万斤，这比历代文人、官员赞美、羡慕西汉高薪养廉的一郡之太守实际年俸（为米六百石）还高一些，并且，这六百九十五两银子，在当时的江苏省，可买良田二三百亩了。再以知县为例，一年可得俸薪等银一百四十一两，

即可买米一百五六十石，为米六万四千斤，足够一家人过上舒适生活及雇佣足够数量的家人了。

以全国1700余个府厅州县来算，地方官员的总督、巡抚、布政使、按察使、道员、知府、知州、知县及各级衙门属员和佐贰官员（如州同、州判、县丞、主簿），每年需要支付的俸薪等银上百万两，其中，俸银仅占俸薪等银总数的四分之一至三分之一。地方还设有书吏、皂吏、马快、民壮、弓兵、铺兵、灯夫、轿夫、禁子、库子、门子、马夫等吏役几十万，岁需支付工食银几百万两。

于是，朝廷就从这两方面下手。减地方存留银，就是增加中央财政的收入。大减存留银，从一年全国各省存留银一千零六十九万两，一减为八百五十六余万两，再减为八百三十七万两，又减为七百三十余万两，减了三分之一。这减了的存留银，就为中央财政增加了三百四十余万两银子。二是裁掉给地方官员的薪菜银、烛炭银、心红纸张银、案衣什物银、修宅什物银、伞扇银，只留下俸银，于是总督从八百二十八两减为一百八十两，巡抚只有一百五十五两，知府一百零五两，知县只有四十五两的年俸了。书吏、差役之工食银也减了不少，这又为国家减少了上百万两银子的开支。

朝廷这样减存留银和官吏俸薪工食银，固然为缓减财政困难起了相当大的作用，但带来的后遗症也是相当严重的。官之薄俸，难以养廉，吏役之工食银太少，一个月才五钱银子，可买五六斗米，怎能养家糊口，从而严重地影响了吏治。当时就有不少有识之臣，以及一些著名的清官，都认为大减存留银，裁减官吏之薪银、工食银，是造成吏治败坏的一大根源。

第 五 章
“治国安民” “首在严惩贪官”

一 连下谕旨 痛斥贪官污吏

清帝入主中原以后，十分注意汲取前朝经验教训，认真探讨明亡之因，从中得出了不少有益的教训，尤其是对“三饷”加派、吏治败坏之祸国殃民，感触更深，更为重视，决心要轻徭薄赋，察吏安民，以裕民富国。

顺治八年闰二月初七日，刚亲政的少年天子福临谕告吏部说：“迩来有司贪污成习，皆因总督巡抚不能倡率，日甚一日。国家纪纲，首重廉吏，若任意妄为，不思爱养百姓，致令失所，殊违朕心。”今总督巡抚所举者多属冒滥，所劾者以微员塞责，“大贪大恶，每多徇纵”，尔部须秉公详察奏闻。

过了两天，闰二月初九日，他再谕吏部：“迩来吏治，不肖者刻剥民财，营求升转，不顾地方荒残，民生疾苦。”一些不识文义之官，文移招详全凭幕友代笔，转换上下，与吏役通同作弊，贻害百姓。督抚不行纠参，大乖法纪。著令各省督抚严加甄别，劾参劣员，保举良臣。

同月三十日，他又给都察院下了一道长谕，再讲惩贪之事。此谕讲了三个问题。一是惩贪乃系治国大事，“朝廷治国安民，首在严惩贪官”，把严惩贪官列为治国安民的头等大事。二系禁革时弊，真正做到严办劣员。他说：“欲严惩贪官，必在审实论罪。”近见在外总督、巡抚、巡按参劾所属地方官员，初劾之疏，言其赃盈千百两，及至提问报招，“多坐衙役诈害，又云赃无入己”。衙役诈害，是谁纵容，赃无入已，初劾之疏有何根据？此皆由于司道府厅承问各官受嘱受贿，督抚巡按又不纠参，以致无法定罪，部覆将已革之官仍还原职，“贪何由惩，民何由安”。此弊必革，若有再犯者，惩处有关审问官员及督抚巡按。三为遇赦不免。从前已经被参问罪之贪官，姑照恩赦月日免罪追赃，自今颁谕以后，“大贪官员问罪至应死者，遇赦不宥”。

他因各省督抚迟迟不办此事，甚为恼怒，于六月二十五日谕内三院，予以严厉申斥。他说“朕洞知年来有司贪恶”，故谕吏部敕各督抚甄别属下官员，乃至今未见遵旨实行，“总由督抚平日以贿赂派索为事，贪恶有司厌其欲而扼其吭者有之，或八旗旧人在任者，咆哮要挟，督抚畏忌，不敢弹劾者有之。似此贪懦，安能纠参，宜乎盗贼未尽消，而黎民无起色也。今复严谕，凡贪恶及不识字纵信衙役劣员，作速指参。”

二 赃银十两 革职流徙

由于贪婪官员不改旧习，屡惩不改，违法者多，顺治帝十分愤怒，于顺治十二年十一月初七日下谕加重惩处说：“贪官蠹国害民，最为可恨。向因法度太轻，虽经革职拟罪，犹得享用赃资，以致贪风不息。嗣后内外大小官员，凡受赃至十两以上者，除依律定罪外，不分枉法不枉法，俱籍其家产入官，著为例。”赃银超过十两，除定罪外，还籍没家产，这样处治是够重的了，可见顺治帝惩贪决心之大。他又规定，衙役犯赃一百二十两以上，分别绞斩，一两以上，俱流徙，一两以下，责四十板，革役。

顺治帝沿袭了摄政王时贪官不赦的做法，顺治八年即下谕宣布：“治国安民，首在惩贪，大贪罪至死者，遇赦不宥。”后来当顺治十三年十二月以册立爱妃董鄂氏为皇贵妃而颁发恩诏，大赦天下时，又再次重申文武官员凡系贪赃之罪，一律不赦。

山东巡按刘允谦因犯下斩罪之蠹书周一聘和绞罪犯张晖，“多赃未完”，奏请暂不处死，待追完赃银后再行处决。刘允谦是否纳受二犯之贿不得而知，但这样做，显系为贪官污吏着想，使其可以免掉立即绞斩之苦，如若允准其请，许多已判死刑之劣员胥吏，便可援例求生，尽量拖欠赃银，不予完纳，一拖再拖，说不定碰上万岁驾崩、新君即位等特殊时刻，还能邀恩减刑呢。这对国家整顿吏治，对人民免受暴残贪官之鱼肉，都是不利的。顺治帝阅后，洞察其意和后果之严重，立即降旨否定其请说：“贪官污吏，问拟秋决，即按期处决，何得以追赃未完又请监候！以后凡系贪污应秋决者，不许再请停决，著永著为例。”

奸猾胥吏，吞没国帑，欺压小民，为害甚大，不少言官多次奏请对其严加制裁。顺治十五年十月御史许之渐奏称“财赋之大害，莫如蠹役。有蠹在收者，有蠹在解者，有蠹在提比者，有蠹在那移支放者，所侵累万盈千。有司恐此蠹一毙，无从追补，至本官以参罚去而此蠹历久尚存”，前无所惩，后无所戒。请敕该抚按将从前侵蠹姓名数目，逐一清查，籍其家产，侵多者立斩，侵少者即时流徙。帝阅后甚赞其议，批示：“所奏深切时弊，该部详议具奏。”

他因为贪习尚重，于顺治十六年闰三月初七日谕令刑部再加重对贪官的处治："前因贪官污吏剥民取财，情罪可恶，故立法严惩，赃至十两者，籍没家产，乃今贪习犹未尽改，须另立法制，以杜其源。今后贪官赃至十两者，免其籍没，流徙席北地方，其犯赃罪应杖责者，不准折赎。"此例比前例更重，一是流徙席北地方。籍没家产，虽使贪官污吏遭受重大财产损失，但还能保住性命，日后还有东山再起之时，何况还可疏通关节，转移财物，不致一贫如洗，而流徙席北地方，道路遥远，解运艰辛，常有中途致毙者，即使侥幸到达，也是惨遭风雷侵袭，双脚疼肿，遍体鳞伤，席北地方寒冷，衣食难周，流徙者十有八九会尸横异乡。另外，家属需陪徙，路上盘缠和抵达后之衣食住宿费用甚大，家产尽卖，亦难充数，此为不籍没之籍没。二是官员犯法，常有论死论杖者，但多可纳银赎死赎杖，现在规定，贪官赃至十两者，杖四十板，不准折赎，这四十大板打下去，不死也得掉层皮，落个残废。如此严刑，怎不叫贪官污吏魂飞魄散！未曾败露者莫不胆战心惊，四出活动，求人上奏轻减。

顺治十七年九月，凤阳巡抚林起龙为此事专门上疏，奏请改减。九卿、科、道奉旨覆议后，奏请今后贪官犯赃，仍照律追赃，不流徙，衙役亦照官律拟罪，不充军。

少年天子对林起龙之奏和九卿科道之议，甚为不满，降旨严厉斥责诸臣所议之谬：

> 贪官蠹吏害民，屡惩弗悛，不得不特立严法，冀人人畏惧，省改贪心，始不负朕惩贪救民之意。今林起龙疏称，只缘

法重，以致人犯抵死不招，追赃甚少。尔等会议，请仍照律拟罪，赃追入官，以助军需。夫与其畏法不招，何若使其畏法不贪，与其餍足贪腹，以赃济饷，何若使其不贪，民得丰裕，国赋亦充。朕明知立法既严，于贪官蠹吏有所不便，必怀怨心，但轸念民生，即为贪蠹所怒，亦不遑恤，若不如此，贪风何由止息，小民何日安生。仍著遵前谕行。林起龙所奏与尔等所议，俱属不合，著严饬行。

福临此旨，不算长，才220个字，但写得很好，不愧为一篇佳作。此谕之妙有四。一系帝严正申明惩贪救民之决心，不惩贪，不严惩，则贪官污吏不知畏惧，不思悔改，则民无宁日，故必严办。二是痛斥诡辩，所谓法重使犯官抵死不招，致追赃太少和有损军需之说，纯系一派胡言，为贪官开脱。旨中所说“与其畏法不招，何若使其畏法不贪，与其餍足贪腹，以赃济饷，何若使其不贪，民得丰裕，国赋亦充”，的确是至理名言，官若畏法不贪，则民自富，民富则国富国强，兵饷充裕，库银巨万，何需仰仗于区区赎杖之银、籍没之产。科尔昆、孙廷铨、车克、王崇简、梁清标、能图、杜立德、王弘祚等六部满汉尚书和凤阳巡抚林起龙，枉自读了多少年经史子集，却将事体本末完全颠倒，不如这位少年天子如此透彻理解惩贪裕民富国之道。三乃教训臣僚要有敢于任事不避恩怨的作风，任何一项法例、一个规定，一项措施，都必然会使某些人获利，某些人不便，或遭受损失，都会招致怨言惹人不满，问题是此例于谁有利，于谁不便，若是利于黎民利于国家，而不利于贪官污吏，那么便不应怕其生怨而中止新例，更要坚持下去，做到圣旨所说“但轸念民生，即为贪蠹所怨，亦不遑恤”，这样就能止息贪风，民得宁居。四为是非分明，不管是为帝一再奖擢的能臣林起龙，或是屡受帝嘉奖的杜立德（被帝赞为“不贪一钱，亦不妄杀一人”的刑部尚书）、科尔昆等满汉尚书，只要持议偏妄，于民于国不利，即否定其议，且予斥责。总之，顺治帝之此旨，算得上一篇惩贪安民利国的绝妙佳作，若能长期照此办理，吏治自能改观，贪风焉能不敛？

三　惩贪简表　众多墨员判罪

对于整顿吏治，尤其是惩治贪官污吏，历朝帝君大抵采取两种方针：一是听之任之，或降几道谕旨，空洞地讲讲惩贪的必要性，虚张声势，言而不行，或是捕治几个倒霉小官，装装样子，或是只字不提，甚至夸称官廉吏法，没有行贿纳贿贪婪之事，这是秦汉以来绝大多数朝代的基本情形。另一种方针，则与此迥然不同，一些胸怀大志欲图有所作为的帝君，深知欲固国本，必严惩贪臣，故对贪官污吏毫不留情，如贫僧出身的明太祖朱元璋,“严于吏治”，凡守令贪酷者，赃至六十两以上，枭首示众，剥皮实草，府州县卫之左，特立一庙，以祀土地，为剥皮之场，名曰皮场庙，官府公座旁，各悬一剥皮实草之贪官之袋，使现任官触目惊心。洪武十八年还下诏尽逮天下官吏之为民害者，赴京师筑城，故“法令森严，百职厘举”。

少年天子福临，生性倔强，一向赞扬明太祖，亦要仿效前君，狠刹贪风。他除了多次下谕讲述“安民之本，首在惩贪”之必要性外，还身体力行，严厉督促廷臣痛治贪官，凡有奏劾婪臣者，他都立予批处。现将部分督抚司道府州县官员贪赃枉法遭惩之情，列表简述如下。

时间	案情简介
顺治八年四月	山东分守东兖道副使刘可征，“亏损行户，措勒平民”，革职。
顺治八年五月	福建福州兵备道郑清，“婪赃玩法”，革职。
顺治八年五月	漕运总督吴惟华，“贪婪误漕”，革职严讯。
顺治八年五月	陕西分守陇右道李永昌，“贪婪劣迹”，革职提问。
顺治八年九月	福建建南道曾延孔，“贪婪狼藉”，革职。
顺治八年九月	江南徽宁道袁仲魁，“贪纵不职”，革职。
顺治八年九月	浙江绍台道耿应衡，“贪黩”，革职。
顺治八年九月	浙江金衢严道王镛，“贪黩”，革职。
顺治八年十月	江宁巡抚土国宝，“徇庇、贪污、诸不法事”，革职严讯。
顺治八年十一月	湖南上荆南道王璲，“贪黩乖方”，革职审问。
顺治九年三月	江南华亭知县周世昌，“苛敛浮征”，革职。
顺治九年三月	山东临朐知县童本胡，“苛敛浮征”，革职。
顺治九年四月	山东平阳县知县王国柱诬陷举人孙振图通贼，“用炮烙支解等刑，惨毕多命”，处死。
顺治九年十二月	河南汝南道王家楫，“贪黩”，革职。
顺治九年十二月	宁夏巡抚孙茂兰，“贪婪刚愎，物议沸腾”，命吏部察议。
顺治十年五月	四川永宁总兵官柏永馥，“临阵畏缩，干没兵饷”，革职提讯。
顺治十年八月	苏松巡按李成纪，“违法市恩，欲为贪官胡必泓等脱罪”，降三级，调用。
顺治十一年正月	真定总兵官鲁国男，“贪淫残纵”，革职，提究。
顺治十一年九月	浙江督粮道李廷枢，“贪秽”，革职。

续表 1

时间	案情简介
顺治十二年六月	吏部郎中宋学洙，“典试河南，宿娼受馈”，革职。
顺治十二年九月	江苏扬州府推官武赞绪，“屡向狱官逼取病呈，将监犯致毙”，从重定罪。
顺治十二年九月	福建兴泉道林中宝，“贪酷”，革职提问。
顺治十二年九月	陕西左布政使黄纪，“贪污不法”，革职提问。
顺治十二年九月	陕西兴屯道白士麟，“贪污不法”，革职提问。
顺治十二年十一月	顺天巡按顾仁，“收用积蠹，纳贿行私”，立斩，妻孥家产籍没入官。
顺治十二年十一月	刑部司官贺绳烈，“身系法官，交通贪墨，藐法过赃”，立绞。
顺治十二年十一月	福建布政使、户部右侍郎周亮工，“大贪极恶”，革职审问。
顺治十二年十二月	山西右布政使董应征，“苛派累民”，降五级调用。
顺治十三年五月	山西巡按刘嗣美，“侵用赃银三千五百两”，革职审问。
顺治十三年闰五月	河西务钞关员外郎朱世德，“多征税课入己，又侵盗库银，受贿委官”，绞。
顺治十三年闰五月	浙江杭嘉湖道史儒纲，“婪赃共二万二千余两”，应流徙，援恩诏赦免，革职，永不叙用。
顺治十三年六月	苏松督学石申，“贪淫败检”，解任听勘。
顺治十四年二月	犯役张雨臣侵蚀漕折银一百二十余两，按律拟绞，苏松巡按李森先以其已完纳，奏请轻减，帝斥李“身任巡方，徇纵显然”，将李革职提问。
顺治十四年七月	湖南龙阳县冒正宗，“奇贪异酷”，湖北道娄镇远“徇私党庇”，俱革职提问。
顺治十五年八月	苏松巡按王秉衡徇庇属员欺隐钱粮，且纵役扰民，革职提问。
顺治十五年八月	差往江南之侍卫桑阿尔寨吴巴旦，“沿途逼索贿赂”，革职，鞭一百，籍没。
顺治十五年八月	直隶巡抚董天机，违禁给与满兵马虎等印票，出海贸易，革职，永不叙用。

续表 2

时间	案情简介
顺治十五年十一月	江南按察使卢慎言,“婪赃数万”,“贪酷不法”，革职凌迟处死，家产妻子籍没入官。
顺治十六年闰三月	山东巡抚耿焞,“贪婪昭著”，婪赃六千余两，革职逮问。后因病死，籍没家产。济南知府贾一奇为耿焞心腹，婪赃六百两，绞监候。
顺治十六年六月	山东察荒御史李腾龙,“察荒无状，悖旨殃民”，革职。
顺治十六年七月	湖广上湖南道吴甲周,“婪赃”，流徙席北地方。
顺治十七年正月	云南巡抚林天擎,“赃私狼藉”，临沅道张柔嘉、楚雄知府徐泰来、云南知府余秉衡，“俱有行贿证据”，俱革职审问。
顺治十七年三月	陕西巡抚张自德,“纳贿庇贪，苛取滥罚，招凶棍作爪牙”,“婪赃饱壑”，革职审问。
顺治十七年六月	河南巡抚贾汉复,“贪婪成性，秽迹多端”，革职察审。

以上所述，主要是《清世祖实录》记载的惩贪事例，不是全部案件，但已足以表明顺治皇帝对于贪官污吏确是深恶痛疾，不断将他们绳之以法，下面便从中选取若干例子，作些论述。

四 一督八抚 因贪革职

此处讲一督八抚，指的是漕运总督吴惟华、江宁巡抚土国宝、山东巡抚耿焞、云南巡抚林天擎、河南巡抚贾汉复、四川巡抚高民瞻和陕西巡抚张自德、宁夏巡抚孙茂兰、直隶巡抚董天机。

吴惟华的祖先是蒙古人。其七世祖本名把郝帖木儿，随明成祖转战四方，永乐十年以北征功封恭顺伯，赐姓名为吴允诚，其子进侯爵。吴惟华系吴允诚的七世孙，未袭爵，明已亡。清军入关，吴惟华降顺，立功，封恭顺侯，任漕运总督，兼凤阳巡抚，一再遣兵，剿灭反清武装。

吴惟华在前明虽未袭爵授官，但公侯之家，贵胄子弟，对官场弊习久已耳濡目染，故而一朝权在手，便把令来行，大肆贪黩勒索。他“任用匪人，恣意贪黩”，偏听副将毕振武、同知陈标、推官蔡国杰等人，“蠹剥欺公”。泰州、高邮遭涝，漕粮无出，知州请上奏改折，吴不许，知州乃行贿三千两，吴便允准。废官李寓庸的家仆为盗，毙于狱中，吴惟华拘治其主，李寓庸害怕，“重赂乃释”。委署州县官，以及各税务佥差、查缉，稽核驿递，吴皆“因事受财，动辄千百”。修筑城池，他“假称率属捐助，苛派闾阎，复纵奸宄侵蚀漕粮，漫无觉察”。给事中李宾尹、御史魏琯同劾其营私误漕。顺治八年二十四日，巡视漕储御史张中元特上奏疏，列款参劾吴惟华“贪婪误漕状”。

对于这样一位率先归顺、为清效力甚多的从一品漕运总督大员，顺治帝也不留情面，谕令将其革职逮捕严讯。过了一年多，顺治九年八月十九日，刑部奏称：“原任漕督吴惟华婪赃一万一千六百余两，鞫问皆实，应论死。”帝念其投诚有功，命免死，革职削爵，永不叙用，赃追入官。

土国宝，原是明朝总兵，降清后，多次剿灭苏松抗清义军，授江宁巡抚。土国宝对明朝弊政习以为常，一再欲行明之加派弊政。苏、松、常三府白粮，明季系佥民户输运，甚为累民。顺治五年改为官运。土国宝奏请加派说：“民户一遇佥点，往往倾家，今改官运，一切皆给于官，而经费不敷，请计亩均派运费。”摄政王多尔衮批示:“佥点固属累民，加派岂容轻议!”下部核议后，否定其请。第二年，土国宝又请加派民赋，以佐军需，复被朝廷否定。土国宝贪婪暴残，苏民恨之入骨。巡按秦世祯遂上疏弹劾土国宝“藉增造营房名，于苏州府城按廛纳税，敛银数万两；又逾额滥设胥役，婪取银数千两”。嘉定知县隋登云，每指富家为盗党，逼其纳银乃释，以所得贿银之一部分交纳与土国宝。土国宝之外侄左营游击杨国海，私卖私盐及硝磺。每月贡银 300 两与舅父,“民间因有‘土埋金、谢土好’之谣”。顺治帝览疏大怒，命革土国宝及隋登云等人官职，加以严讯。土国宝闻讯，知难逃一死，畏罪自缢。督、按审理此案,“鞫证皆实”，追赃入官。

山东巡抚耿焞,“纵所属营弁肆虐地方”，被巡按程衡劾其“贪婪昭著，列款以闻”。顺治帝大怒，谕将耿焞革职逮问。刑部将各犯解京审理后，于顺治十七年正月十三日奏称：耿焞“婪赃六千有奇，鞫审真确，情罪重大，应立斩，家产籍没入官”。济南知府贾一奇为耿焞心腹，婪赃六百余两，应立斩。济南同知杨桂英婪赃一千五百余两，应立斩，家产籍没入官。中军张有才过付银两，潍县知县尚祜卿擅动库银，向耿焞献媚，俱应立绞。帝命下二法司核拟。三法司初议将耿立斩籍没，后耿在狱病亡，内大臣偕三法司遂改议其罪说：耿已病故，相应免议。即免其籍没之罚，显系耿焞生前走了门路，打通关节，故内大臣、三法司予以庇护。但是，内大臣们可能低估了皇上的聪睿，没有想到这种以引援病故免议的一般套语的方式来庇护耿焞（至少是在客观上起了庇护的作用）的手法，会被少年天子识破。顺治帝阅疏后降旨批示：

“贪官本身既经流徙者，免其家产籍没，今耿焞未经流徙，病故，应否籍没家产，著再行确议具奏。”帝之此旨，字数不多，但对内大臣们提出了两个重大的难以回避的问题：耿焞是不是贪官？其虽病故，应否籍没？帝旨虽命内大臣们再行确议，但实际上已透露了帝对此事的结论倾向，即耿焞是贪官，理应籍没，只不过是念内大臣们日侍左右的情分，留点面子，没有直接说他们拟议欠妥而已。

内大臣们不可能不体会到皇上此旨的含义，赶快取消原拟，于十二月二十二日会同刑部奏称：“贪官未经流徙身故者，家产例不籍没，今耿焞身系巡抚，不思尽心报国，赃私累累，情罪重大，除耿焞妻子外，家产仍应籍没入官，余俱照前议。”这一拟议，正式给耿焞定了“赃私累累”的贪官罪名，将其家产籍没入官，符合皇上惩贪安民的旨意，故顺治帝批准其议。他还以宁夏巡抚黄图安曾保举贪官济南府知府贾一奇，而将其降五级调用，作为“贪赃连坐”之例。

湖广巡抚林天擎，因故降调吏部理事官，顺治十五年十二月经大学士洪承畴奏准，任林为云南巡抚。十六年十月，洪发觉荐举非人，上疏劾奏林“扰驿剥军，政令乖张”。十七年正月，洪又奏称，“今廉得其种种秽迹，谨列款参闻，祈敕部察议。其临沅道张柔嘉、楚雄知府徐泰来、云南知府余秉衡，俱有行贿证据，应行提审。天擎旧役李以楫，委署县丞，尤属冒滥”。洪并奏自己“保举非人，不敢辞咎”。林是平西王吴三桂的部下。

这件事对顺治帝来说，也比较棘手，真办，对平西王不大方便，脸面上难堪，而平西王是为皇上捍卫西南的唯一倚任者，恐于军务不利；不办，违反察吏惩贪安民方针，且若纵容一个林天擎，必然会出现第二个第三个乃至几十个林天擎，那么十年整顿吏治狠刹贪风的努力，就全都白费了。权衡利弊轻重，顺治帝下了决心，降旨批示:“据参，林天擎赃私狼藉，著革职，张柔嘉亦著革职，徐泰来、余秉衡、李以楫俱著革任，并本内有名人犯，该督会同平西王质审追拟具奏。不必引咎。”由于顺治帝很快就去世了，辅政大臣奏准，复授林为延绥巡抚。

与林天擎的结局有些类似之处的是张自德与贾汉复两位巡抚的革而再起。张自德于顺治十六年三月出任陕西巡抚，仅过一年，十七年三月十八日，刑科给事中金汉鼎即疏劾张自德“婪赃饱壑，各款炳据，请严加处分，以为贪赎戒”。顺治帝览疏后十分恼怒，降旨批示:“这所参张自德婪黩事款，殊可骇异，著解任，严加察议具奏。”四月初二日，刑部给事中谌名臣又劾奏张自德“纳贿庇贪，苛取滥罚，招凶棍作爪牙等事”，下所司一并严察议奏。

吏部议覆两位科臣之劾疏时奏称：张自德“已经奉旨革职，其贪婪事款并有名犯证，应敕该督按严察具奏，以凭议覆”。顺治帝降旨批示：原参张自德贪婪款内有名犯证，“著刑部差役提解来京，严行究拟具奏”。案子还未审完，顺治帝就去世了。

河南巡抚贾汉复之情，亦与此类似。顺治十七年六月初五日，刑科给事中姚启圣劾奏“河南巡抚贾汉复，贪婪成性，秽迹多端”，下所司严议。七月初九日吏部议覆此疏时奏称“刑科给事中姚启圣劾奏河南巡抚贾汉复出身卑鄙，行政秽污各款”，吏部难以悬议，应解汉复任，敕总河并该省按臣严查具奏，以凭议处。顺治帝批示："是。依议严行。"半年后，顺治帝去世。

四川巡抚高民瞻，被上川南道道员劾其劣迹多端，于顺治十七年被革职下狱问罪。

此外，顺治九年二月担任宁夏巡抚的孙茂兰，于十二月被左都御史房可壮等劾其"贪婪刚愎，物议沸腾，不宜膺节钺之任"。帝命吏部察议，终于在十一年二月被罢任。直隶巡抚董天机违禁给予满洲兵丁马虎等印票，出海贸易，被帝谕令革职，永不叙用。

总加起来，在顺治八年至十七年的十年里，因贪被帝革职审理的巡抚竟多达八员，约占全国巡抚总数的二分之一，还有一位总督被惩处。这表明顺治皇帝福临确实在察吏安民上下了很大功夫，惩贪安民的决心相当大。

五　徇情庇贪　四部堂官遭惩

刑部、吏部、户部、兵部、三法司在审理议处贪案时，大体上是贯彻执行了皇上惩贪安民的方针，但由于各种原因，有时也染上了徇情庇护甚至收纳贿银的旧习，一些案件审议不当，以致遭到少年天子惩罚，任珍、朱世德两案，即系二例。

三等子任珍在兴安总兵官任上，因妻妾与人通奸，十分愤怒，私行杀死多人，惧事发觉，遣家人到京行贿兵部刑部官员，从而引发了一场波及甚广的大案。

这位任珍，并非等闲之辈，而系曾经威震陕西为清立有大功的一员战将。任珍，河南宜阳人，明季任至副将，驻守河州。顺治二年，英亲王阿济格追击大顺军李自成于陕西，任珍自河州歼灭大顺军士卒，收文武伪敕来降，以副将衔隶总督孟乔芳标下。顺治三年，贺珍等反清武装进攻西安，孟乔芳命任珍守城西门，“鏖战八昼夜”，敌兵乃败退。不久，任珍又偕他将攻剿蒲城、兴安，皆胜，叙功，赐冠服、鞍马、金币，令赴部擢用，总督请留任珍署固原总兵，第二年授兴安总兵。任珍竭力效劳，顺治四年至七年的四年中，大小数十战，击败和擒斩敌将胡受宸等多人，为平定陕西立下大功，被晋左都督，加太子太保，封三等子。顺治九年，任珍以疾奏准解任还京，并疏请入旗，朝廷允准其请，编隶正黄旗汉军。

顺治十年二月，原先任珍向兵刑二部行贿之事被发觉，下法司勘问。刑部拟议：兵部侍郎李元鼎应绞，金继城应革世职，籍没一半家产，兵部尚书明安达礼、侍郎觉罗阿克善、启心郎科尔可代、祝万年、高登第、理事官萨赛、卜兆麟，应革世职、革任、赎身；刑部尚书刘余祐应杖一百，徒五年，革职，永不叙用。任珍应革世职，赎身。顺治帝降旨批示：李元鼎免死，徒五年，杖一百，折赎。金继城革世职一半，解梅勒章京任，解兵部侍郎任，赎身。明安达礼、阿克善、科尔可代、祝万年、高登第、萨赛等，俱革一半世职，解部任。卜兆麟降三级，调外用。刘余祐革职，杖一百，折赎。任珍革一半世职，降为一等轻车都尉世职。

不久，刑部又审理任珍的家婢讦告主子案件。任珍家婢首告主人犯罪受罚后，“家居怨望，出言不轨，并指奸谋陷诸丑行”。刑部审讯，任珍虽对重大情节俱不承认，但刑部最后仍然奏称："任珍应论死。"帝以"任珍曾立军功"，免其死，徙置辽阳。

顺治十三年二月又发生了朱世德案件。河西务分司员外郎朱世德亏空额税一万三千余两，有人又讦告朱"多征侵盗"，事未审理结案，户部便将缺额银两援赦议免，吏部亦照此议覆，朱世德眼看着就要逍遥法外万事大吉了，不料，少年天子阅过吏部、户部奏疏后，发现了问题，缺额如此之多，可能有弊，遂命都察院察议。十三年二月二十二日，都察院议奏："朱世德应革职，交刑部审拟。"帝因此严厉斥责刑部官员，如此大弊，不行查核，令刑部回奏。吏部户部以人犯未提到为理由辩解。顺治帝再次对其严厉斥责：尔部考核司官，务宜秉公详察。朱世德缺额既多，又经告发，尔等不严行确察，乃以人犯到日另结为辞，"含糊引赦，代为出脱，情弊显然"，此回奏殊属支饰，着议政王、贝勒、大臣、九卿、詹事、科道会同从重议处具奏。过了几天，帝又召吏部尚书王永吉、户部尚书戴明说等，"责其轻出朱世德之罪"。

在皇上严旨指导下，顺治十三年四月初二日，议政王大臣会同九卿、詹事、科道等议奏：吏部户部尚书韩岱、戴明说，侍郎宁古里、苏纳海、白色纯、袁樊功、毕立克图、海尔图、王弘祚、额尔德、朱之弼、启心郎费齐、苗澄、韩世琦、巴格、曹邦，理事官木成格、达都、杨雀祥，副理事官朱成格、马尔济哈、吴努春、金光祖，郎中马光裕、严我公，主事张新标等，"各拟解任削职有差"。帝降旨批示：尚书韩岱革任，削太子太保、镇国将军品级。侍郎毕立克图、额尔德俱革任，并革一拜他喇布勒哈番又一拖沙喇哈番世职。侍郎海尔图革任，并革拜他喇布勒哈番世职，罚俸一年。侍郎宁古里、苏纳海、白色纯，俱革任。尚书戴明说降四级调用。侍郎王弘祚降三级，留任。侍郎朱之弼、袁懋功各降三级调用。其余启心郎、理事官、郎中、主事等官，分别留任革世职、罚俸降调。随后又将少保兼太子太保户部尚书郎球革去少保，解尚书任，朱世德“多征税课入己，又侵盗库银，受贿委官”，予以处绞。

由于一位四品员外郎贪婪之议拟不当，而招致吏户二部三位尚书六位侍郎革任，三位侍郎降级留任和外调，一批司官受惩，确可算是震惊朝野的大事，可见顺治皇帝贯彻执行手定的惩贪安民方针，是何等的坚定！

六 雷霆天威 黄膘李三枭斩

顺治九年十二月二十四日，年方十四岁的少年天子福临下了一道十分奇特、震惊朝野的上谕，着重讲述号称“黄膘李三”的李应试和潘文学二人的罪行、势力及处置之法：“朕惟旌善必褒硕德，除恶务去渠魁，乃有元凶巨盗李应试、潘文学，盘踞都下，多历年所，官民震慑，莫敢撄锋，今因别事发觉，朕命叔和硕郑亲王及内大臣、内院、刑部大臣公同鞫问。审得李应试，别名黄膘李三，原系明朝重犯，漏网出柙，专一豢养强盗，勾聚奸枭，交结官司，役使衙蠹，远近盗贼竞输重赀，南城铺行尽纳常例，明作威福，暗操生杀，所喜者，即有邪党代为市恩，所憎者，即有凶徒力为倾害。他若崇文门一应税务，自立规则，擅抽课钱，恶侄杀人，死者之家不敢申诉，诸知此类，罪不胜数。潘文学身充马贩，潜通贼线，挑聚膘健马骡，接济远近盗贼，每次多或一二百匹头，少或数十匹头，群盗得骑，如虎生翼。且交通官吏，打点衙门，包揽不公不法之事，任意兴灭，甚至文武官员多与投刺会饮，道路侧目，莫敢谁何。以上二犯，罪大恶极，举国官民人等皆言其罪当死，故将李应试、潘文学并伊子侄俱处枭斩。又蠹恶高思敬、高三、王国祯、顾麟、槐启璋、李之栋、李东明、刘文登等，或窝盗得赃，或行贿纵寇，及诸不赦罪状，俱有书信文约确据，遂一并正法。又兵科都给事中李运长，身为言官，反与李应试侄李天凤联宗，认为兄弟，应试恶迹盈满、举国痛恨，运长既不能剔发奸恶，复往来亲密，将天凤子李蓁冒作己子，充送官监，及事发觉，运长又不举首，仍藏匿天凤子，希图幸免。运长法不可宥，其子亦应连坐，家产亦应籍没，姑从宽典，止诛运长及李蓁，宥释运长亲子，全给家产，以示法外之恩。自今以后，凡大奸大盗，各衙门应行缉捕者，亟行缉捕，应参奏者，指名参奏，勿得徇纵，以取罪戾。内外文武大小官员，除已往不究外，如再有与奸盗往来者，事发，定行连坐，决不姑贷。”

以此谕为主，结合有关史料，可以看出三个问题。其一，谕之奇特，空前绝后。总观顺治帝亲政十年里，或推前到摄政时期，甚至可以延后到康熙、雍正、乾隆、嘉庆、道光五朝的两百年里，还未发下这样一道专指“细民”的长谕。顺治帝执政十年中，所下谕旨何止数千道，但这样多的上谕，除了讲述事件、制度外，涉及的人都是内外满汉文武百官王公贵族或天潢贵胄，以及少许烈妇义士，像这道着重讲没有任何官衔爵职的“民人”的上谕，还未见过。李应试，或者说黄膘李三，以及潘文学，不过是“细民”而已，是全国近亿人中之一二人，皇上却花了很大力气，专下长达八百字的上谕，讲述二人之事，可谓奇特之至。

其二，谈虎色变，官民震慑。李应试、潘文学既是“细民”，又非“细民”。说其是民，因彼无衔，不是三公九卿，也非督抚司道州县，又不是总兵副将参将游击或都统、参领、佐领，完完全全是一个百姓，即官府贱称之“细民”。说其非民，因二人势焰熏天，威赛王侯，实操生杀予夺贬升大权，即谕中所说“明作威福，暗操生杀”,“任意兴灭”，以致“道路侧目”,“举国痛恨”,“官民震慑，莫敢撄锋”。连为帝倚任官拜大学士的陈之遴、宁完我，当奉旨会同议政王大臣审问李、潘二人时，这两位大学士竟惊恐万状,“默无一语”，不敢发问。为尚书、侍郎、总督、巡抚、藩臬司道所畏惧之都察院六科十四道言官，也“畏惮”其势,“默无一言”,“不敢举发”。如此“盘踞都下”，凶焰熏天，百官震慑的“元凶巨盗”，几乎成为京师之另一朝廷，此景历代亦为罕见。

其三，衙蠹之横，史上罕有。谕旨讲到黄膘李三和潘文学凶势之大的原因时，列举了四条:“豢养强盗，勾聚奸枭，交结官司，役使衙蠹”。四条之中，又以“役使衙蠹”为主。衙蠹通常是指吏和役，而顺治帝此谕则主要是指吏，即公家掌理案牍之吏，各治其房科之事，俗称为“书办”。部院衙门之吏，又以役分名，有堂吏、门吏、都吏、书吏、知印、火房、狱典之别，或统名经承。各部尚书、侍郎及主事、郎中、员外郎等司官，往往不习吏事，一切案牍皆书吏办理，故每办一案，堂官委司官，司官交与书吏，书吏检阅成案，比照律例写成，呈送司官，司官略加润色，上呈堂官，堂官若不驳斥（基本上不予驳斥），则此案便定了下来。堂官、司官任期有限，很难久任，而书吏多系祖孙父子世代相传。且例案之堆积，高与屋齐，非熟悉其情，难以从中觅得所需之例案，而无例案可援比，则难成文，此例案只有书吏才熟悉，堂官、司官罕有知其大概者。因此书吏之势甚大，地位甚高。通常是书吏称司官为某老爷，而司官称书吏为某先生，司官不敢开罪于书吏，惧其掣肘。户部书吏最多，有时多达一千余名，吏部、兵部也不少。

胥吏既熟例案，又深谙官情，某官有何违法之事，或有为皇上及权贵不喜之言行，往往为吏所探知，私下记录，一旦某官遇逢升授之际，胥吏即可乘机挟制，索要贿赂，即或此官无有把柄，胥吏亦可故意延迟，甚至加以驳斥，使其难以补授升授官职。遇逢各省特别是军费报销，胥吏更可大显身手，广索贿银，不遂所欲，则多方刁难。御史许之渐曾就吏役之祸国殃民专上奏疏。他奏称："财赋之大害，莫如蠹役，有蠹在收者，有蠹在解者，有蠹在提比者，有蠹在那移支放者，所侵累千盈万。"因此，当皇上问大学士陈名夏："李三，孑然小民，何以官民皆惮之？"陈名夏回奏："李三与各衙门胥役结纳最广，故使人皆惮之。"故清人曾有"明与宰相、太监共天下，本朝则与胥吏共天下"之评论。

其四，清初特情，此弊始厉。有清一代，豢养强盗，勾聚奸枭，交结官府，役使衙蠹，行凶作恶之人，并非很少，但像黄膘李三这样能胁使两位大学士噤若寒蝉、言官箝口、官民皆惮者，却不多见，甚至可以说是只此一家，别无他人。之所以会出现这样的形势，原因在于清初的奇特政局。尽管部院衙门都是满汉并用，满官权势甚大，形式上本部院之权由满官掌握，但清军刚进北京，满官不多，又人地生疏，不谙民情，甚至不懂汉语，对中原王朝治国之道尤其是衙门事务十分陌生，不知如何下手，不明做官办事之法，因此具体事务处置之时，常常征询汉官意见。而汉人尚书、侍郎和司官们，以及一些大学士，如陈名夏、陈之遴，多曾就仕于故明，甚或曾降顺于大顺农民军，授人之柄太多，胥吏定知其过，因此，一遇李三这样能役使衙蠹的奸豪，就怕其揭露己之所短，告发于满官转奏于皇上，便会前途难卜，身家性命难保，故而三缄其口，退避三舍，不敢揭发其奸。当议政王郑亲王济尔哈朗在审讯李三时，诘问陈之遴为何不敢发问，默无一语，陈之遴回答说：李三巨恶，皇上立诛则已，否则若不处斩，则之遴必为其害，“是以不言”。

顺治帝于顺治十年正月三十日问大学士陈名夏，“黄膘李三，为民大害，诸臣畏不敢言”，陈之遴默无一语，“岂非重身家性命乎”？陈名夏讲了这样一段答语：“李三广通线索，言出祸随，顾惜身家，亦人之恒情也。今皇上日召见臣等，满汉一体，视如家人父子，自今以后，诸臣必同心报国，不复有所顾惜矣。”这段话中的两句话最能说明汉官之地位和心情，即现在皇上相信、倚用汉官，每日召见汉官，“视如家人父子”，“满汉一体”，汉官才敢放心为官，不畏旁人诬告和劾奏，否则，虽身居高官，任至大学士，亦常恐人进谗，而失去帝之恩遇，招来杀身之祸。这就是黄膘李三能威慑汉官的主要原因。

其五，乾纲独断，诛霸诫臣。豢盗聚奸、结官役蠹、势焰熏天的黄膘李三和潘文学，虽能胁服诸位汉官老爷，震慑京师官民，杀人越货，把持衙门，横行霸道，但碰上这位性格刚强、疾恶如仇的少年天子，可就一筹莫展，只好束手就擒了。顺治帝下诏，将二人及其子侄俱行枭斩，蠹恶高思敬等亦一并正法，又指令各衙门立即缉捕和参奏大奸大盗，务将豪横巨霸痛予惩治。同时他又多次召见大学士，谈论李三的罪状，询问官民畏彼的原因，还将交结李三的兵科都给事中李运长正法，以儆大小臣工。他又特对都察院六科十四道官员下达专谕：尔等为朕耳目之官，凡官邪民蠹皆得廉实纠发，所以通壅蔽、锄党恶也。李、潘之事未经发觉前，“李应试把持衙门，毒害小民，举国痛恨入髓，尔等职居言路，何以默无其言”？果属不知，已为溺职，若恶迹既著，惮于举发，养奸长恶之罪，尔等何辞！除已往不究外，尔等自思人臣事君，立身行己，一秉法度，事事为国为民，岂容曲庇奸恶，“奸恶去则民安，民安则朕心始安”。今后若再有徇庇等情，法不尔贷。尔等各宜省惕，以尽职守，乃不负朕厚望言官之意！

顺治帝诛李三，大快人心，万民拥护，感激皇恩，不少学士、大臣载录此事，赞扬备至。

七　恶仆逞凶　公爵庇奴削爵

顺治帝所说“奸恶去则民安，民安则朕心始安”，确为名言，他对额尔克戴青之恶仆的严惩，亦体现了这一方针和决心。

顺治十六年（1659年）闰三月，京城发生了一件震惊朝野的大案，皇上之侍卫与旗奴相殴，致公爵削爵罢官，尚书、侍郎或革或罚。

先前，旗下家奴陈保、袁二、黑子等向刑部控告二等侍卫阿拉那酒醉后持刀砍人，刑部审理后，断定所告属实，遂转交兵部，议革阿拉那职，复交刑部议罪。顺治十六年闰三月初四日，刑部议奏，拟议阿拉那应鞭一百，折赎，帝允其议。这本是一件普通案子，阿拉那虽是皇上的二等侍卫，但不应醉酒行凶，持刀砍人，万一不幸失手，将人砍死，岂不是草菅人命，暴虐残酷，理应依法制裁，刑部审议不为不妥。但此议也难免使人有些疑惑，阿拉那乃皇上之侍卫，时侍万岁，权势不小，区区卑贱家奴怎敢向刑部控告这位侍卫，常说相府家人七品官，皇上之侍卫可能会见官高一级，谁人敢惹，这几个家奴难道是吃了豹子胆不成？如若经过一些打听，疑者便会恍然大悟，原来陈保、袁二、黑子并非一般家奴，而是额尔克戴青之奴，且系其主“朝夕使令之仆”，即贴身家奴。

这个额尔克戴青可非平凡之辈，他乃是太祖努尔哈赤之外孙，是权势赫赫的二等公和领侍卫内大臣兼议政大臣。额尔克戴青是蒙古人，其父恩格德尔很早就归顺太祖努尔哈赤，娶太祖抚养之公主，尊封为额驸，并多次率兵从征，立下功劳，封三等子。额尔克戴青袭父之爵后，坚决效忠顺治帝，初晋三等侯，后晋二等公，任领侍卫内大臣、议政大臣、太子太保，论亲戚他是顺治帝的表兄。

正因为陈保是这位皇上之表兄、二等公、领侍卫内大臣、议政大臣的贴身家人，所以才敢告皇上之侍卫，所以刑部、兵部才相信他的控告而将阿拉那定罪，看来阿拉那是要惨遭大祸削职被辱了。然而，阿拉那是幸运的，他马上就被平反昭雪，事实的真相竟由他崇仰的皇上亲自出来揭示了。

顺治十六年闰三月二十二日，即阿拉那被错误定罪之后的第十八天，少年天子给吏部下了一道痛斥大学士、议政大臣、太子太保摄刑部尚书事务的图海之上谕。谕旨说：图海辜恩谬妄，过误甚多，“如阿拉那一案，是非颠倒，情弊显然”，朕面加诘问，仍巧言支饰，不以实对，负恩溺职，殊为可恶，已经革职付部，着议政王、贝勒、大臣、九卿、科道会同从重议罪具奏。

紧接着，他又于四月初十日谕吏部：“额尔克戴青身为大臣，自当恪遵国法，钤束家仆，勿令为非，乃素不约束，以致家仆陈保等辱殴侍卫阿拉那，且诬其持刀，擅行绑缚，欲行陷害。阿拉那系近侍官员，被额尔克戴青之仆捆缚殴辱，而伊主佯为不知，有是理乎？况阿拉那即额尔克戴青所管之侍卫，陈保乃伊朝夕使令之仆，额尔克戴青身为近侍大臣，凡他人过失犹当入告，今反纵家仆肆行无忌，诬陷近侍之臣，全无觉察，甚属不合，著议政王、贝勒、大臣会同从重议罪具奏。”

这两道上谕，彻底把案翻了过来。谕旨明确地指出，这是一场冤案，是行凶之人冒充原告，诬陷被辱之受害者，刑部、兵部是非颠倒，良莠不分，额尔克戴青纵奴横行，佯为不知，理应重惩。在皇上如此明察和严厉训诫下，议政王大臣、九卿、科道当然只有遵循帝旨，公正审理。

四月十六日，议政王大臣遵旨议奏：额尔克戴青应革少保兼太子太保、议政大臣及领侍卫内大臣职，削爵，仅保留内大臣职衔，其袭父之三等子世职改令其兄弟承袭。帝允其议。

五月初三日，内大臣、一等伯索尼、大学士巴哈纳、额色黑会同吏部议奏：陈保、袁二、黑子伙同众棍，肆行凶恶，将侍卫阿拉那殴打绑捆，抢夺貂褂等物，又诬告阿拉那酒醉持刀砍人，陷害无辜，情罪重大，照律均应立斩。兵部尚书，兵部、刑部侍郎、员外郎、郎中伊图、梁清标、杜立德等应分别革职降调罚银。

顺治帝命将陈保、袁二立即斩首，黑子绞监候。革刑部侍郎吴喇禅之拖沙喇哈番，革刑部侍郎杜立德之太子少保，刑部侍郎钟鼐降一级，兵部尚书伊图、梁清标、侍郎额黑里、石图、刘达、李棠馥守罚银。

同时，据被帝尊称为“玛法”的德国耶稣会传教士汤若望说，他曾向皇帝陈述受官吏压迫的贫苦小民的怨恨，这种情形不久为帝“铲除”。在他奏述的几天以后，皇帝到城外打猎，一个人走到了一个村子里，“瞧见一位面容愁苦的老人，正在那里劈木柴。皇帝向他问及他的状况，这位老人以为他眼前所瞧见的是一位寻常的兵丁，所以竟向他诉说他的冤屈。他说：他的状况非常恶劣。地方上那位贪婪的官吏，把他所有的财产都给劫夺了去。现在他虽然年老力衰，然而仍被逼来做这种奴隶工作，以便藉卖木柴，得以苟延残喘，而不致饥饿以死。皇帝令那位老人骑在他所骑来的那匹骡子身上，并且同他一起奔赴那位官吏的住宅。那位官吏使他的太太出来应付他们。她不知眼前的人就是皇帝，所以就向他叱骂，令他滚开，并且还拿一条棍子出来恐吓他。在这时，皇帝的侍卫赶了过来，而这官司现在可就简单地解决了。皇帝命他的卫士把那位官吏和他的家人，登时都就地斩首示惩。这位官吏的全部财产，皇帝都赏赐了老人，并且还封他为全村之长”。

顺治帝还不止一次下谕，斥责满洲拨什库、庄头横行无忌，鱼肉黎民，蔑视官府，命予严惩。他刚亲政，便于顺治八年二月十九日谕户部：国家首重体统，尊卑原有定分。近闻满洲拨什库及庄头、投充人等，不守法度，罔顾尊卑，“骑马直入府州县衙门，与府州县官并坐，藐视命吏，任意横行，目中既无官府，何况小民，其欺凌鱼肉，不问可知，深可痛恨，尔部即出示严行禁止，并行文各府州县，如有拨什库人等仍前无故擅入官府衙门，及凌侮官员欺害小民者，即擒拿解部，从重治罪”。

虽然由于清初特殊的军事政治原因，八旗王公贵族的家奴，以及皇上之内务府包衣，仗主权势，无恶不作，鱼肉黎民的横行歪风，不会由于顺治帝的几道谕旨和惩处个别恶霸，而被彻底革除，但总还能起一点作用。据汤若望讲，在皇上惩处了那个欺压老人的官吏后不久，“全国的人们对于皇帝严明公道的行为，都是盛称盛道的”。

除了以上所述诸案外，顺治帝对犯有贪婪之罪的其他大臣，亦予惩治。他亲政伊始，即下谕谴责大学士冯铨“私得叛逆姜瓖贿赂，殊失大臣之体”，勒令致仕。工部尚书谢启光滥差多人，征收关税，加倍需索，“任意徇私，秽声盈耳，大玷官箴”，将其革职为民，永不叙用。大学士陈名夏被处死之罪状中，亦有贪婪条款。

总而言之，顺治帝亲政十年之内，坚持“安民之本，首在惩贪”的方针，不断地严惩贪官污吏，对狠刹贪风，起了相当大的作用。尽管封建社会存在着滋生贪官污吏的政治经济基础，政以贿成，官以赀进，是秦汉以降延至明清的基本吏治形势，官贪吏酷是根深蒂固、司空见惯的普遍行为，清官廉吏确是凤毛麟角。尤其是顺治年间，战火纷飞，兵饷巨万，国库如洗，差重役烦，科派盛行，前明降臣又大都分任省府司道州县官员，旧习难改，因而吏治很难整顿，贪风很难止息，但经过顺治帝十年一贯的努力，总算对贪婪之风有所抑制，吏治有所改观。顺治年间以直言闻名的都给事中任克溥，于康熙十一年任左通政时，上疏论述吏治情形：“嘉鱼知县李世锡告湖广巡抚林天擎索贿，以此知馈遗不绝，苞苴尚行，较世祖朝有司不敢馈遗督抚，不敢轻至省会，风气迥殊。”这段记述，还是有一定的参考价值的。

第六章　消灭南明　平定五省

一　定南王孔有德兵败自尽

定南王孔有德系行伍出身，几经厮杀，从一名小小兵士升为明山东登州步兵左营参将，于明崇祯四年叛明，后金天聪七年（明崇祯五年，1633年）偕耿仲明降金。天聪汗皇太极大喜，破格优遇厚赏，封孔有德为都元帅，耿仲明为总兵官，统率旧部，号“天祐兵”，成为金国一支掌握火器和红衣大炮的劲旅。孔有德、耿仲明率领部下征明攻朝，屡立军功，于清崇德元年（1636年）分别被封为恭顺王与怀顺王。

顺治元年（1644年）四月，孔有德、耿仲明率天祐军随摄政王多尔衮大战李自成于山海关，乘胜追击，同年十月起，又随豫亲王多铎战潼关，克西安，下江南，军功卓著，顺治二年底，奉命还驻辽阳。

由于大顺军李锦等将率部数十万至南明长沙、常德，为南明永历帝之巡抚何腾蛟“招降”，南明声势大振，阻止了清军的继续南下，摄政王多尔衮乃于顺治三年八月封授孔有德为“平南大将军”，与怀顺王耿仲明、续顺公沈志祥、右翼固山额真金砺、左翼梅勒章京屯泰，“率满洲蒙古汉军官兵往征湖广、两广”，不久又命智顺王尚可喜率部从征。多尔衮明确宣布以孔有德为主帅。

孔有德竭力效忠，不负王之所托，统帅大军数万，向南明永历帝部队猛烈进攻，先败原大顺军将领王进才于长沙，歼其众，又下湘潭，克衡州，取祁阳，占宝庆，逼近永历帝之奉天府（武冈），永历帝急忙与何腾蛟败走桂林。紧接着清军又取沅州、靖州、辰州，到顺治五年初，占据了湖南全省，进取广西全州，并招降兴安、灌阳、铜仁、关阳苗徭三十一处及洞二百六十处，擒获南明长沙王、南威王、荣王、贵溪王等四十一人及侯、伯、总兵与司道官员多人。孔有德奉诏班师，被帝赐宴厚赏，给予黑狐、紫貂、冠服、彩帛、鞍马及黄金二百两、白银五千两。

顺治六年五月十九日，清帝改封孔有德为定南王，怀顺王耿仲明为靖南王，智顺王尚可喜为平南王。

同一天，清帝令孔有德率旧兵三千一百名及新增兵一万六千九百名，共二万名，往剿广西，携家驻防，其全省巡抚道府州“各官并印信，俱令携。摄政王又谕靖南王耿仲明率旧兵二千五百名及新增兵七千五百名，平南王尚可喜率旧兵二千三百名和新增兵七千七百名，共二万名，往剿广东，携家驻防，所赐敕书及委付之职权，与孔有德基本相似。委任三王，夺据两广，镇守华南。

三王确也不负朝廷厚望，各统本部将士奋勇厮杀。定南王孔有德于顺治六年十月至湖南衡州，遣副将董英等斩南明将郑恩受于燕子窝，自督兵永州，“击走贼众数万，俘斩过半”。七年正月，攻据武冈、靖州，生擒及斩杀敌将刘禄、胡光荣、林国瑞、黄顺祖等人，向文明率众五万投降。十二月克桂林，永历帝先逃，擒斩其“靖江王并伪世子、将军、中尉、阁部、总兵文武等官四百七十三员，招抚二百四十七员，获马骡器物无算”，桂林、平乐二府俱定。八年又克柳州、梧州二府，象州、马平、雒容、柳城、融县、怀远、藤县、容县、岑溪、怀集、北流诸县及思南、南宁、庆远诸府悉平，悉占广西全境。尚可喜、耿继茂（继其父耿仲明领军）二王亦于顺治七年、八年基本上夺据了广东省，顺治帝对三王之功大加褒奖，从优赏赐。

但是，很快，驻守湖南的“剿抚湖南将军”、续顺公沈永忠于顺治八年六月初六呈上“征师需饷甚殷”的奏疏。他奏称：臣“不以兵单为虑，而以饷缺为忧”。“据镇臣郝效忠报称：马逆肆虐，奉命截杀。兵丁上风摩岭喊叫：我等杀贼，钱粮不给，口粮又无，眼前饿死。即从荒山逃去三十七人。又据镇臣许天宠报称：游击黄家栋兵到靖州，无粮，饿死兵杨龙等二十九名。又惠文观兵赴绥宁，五日绝粮，饥饿难忍等情。”顺治八年七月十一日他又上疏，报告“湖南之门户，滇、黔之咽喉”要地沅州失守，求解军粮，以便收复，说：“惟是用兵绝粮，乃兵家大患。今漕粮不继，不得不设处于彼地州县，奈彼地叠遭蹂躏，农业久废，田野荆篙，是无升合之望矣。”“臣计穷心悸，何术以饱士马之腹，而致之用命哉!”

孔有德也为兵饷军粮之事万分担心，他于顺治九年六月初十日特上《为粮饷万分紧急，将士待毙可虞》疏，请求火速运粮：“臣师乏饷十月，势若燃眉，前已缮疏入告矣。奉拨江、浙协饷，虽经督臣罗绣锦专官守催，日复一日，望眼几穿，臣已莫可谁何。近复加以糈糗不敷而三阅月，脱巾求粮，嗟乎，一日不再食则饥，臣何术雨粟，以哺数万生灵之口乎？”“今者芷、沅、武、靖俱失，寇已入我内地，湖南震惊，民皆风鹤。”“臣师分扼各隘，见与孙逆相持，徭佷僮叛服不一，又值十月无饷，三月无粮，马匹倒毙殆尽。”“伏乞皇上怜臣天末孤军，粮饷两匮，佐理无人，敕部议覆”，早日解粮。顺治帝批示："粤西粮饷紧急，宜严催解运。"

正当孔有德、沈永忠"粮饷两匮"之时，大西军名帅李定国率军八万，猛烈进攻，孔有德请敕沈永忠拨重兵分守湖南要地，又派提督线国安驻南宁，总兵全节驻柳州，总兵马雄驻梧州，"重镇皆出"，兵分力弱，只有少许兵马屯守桂林。李定国侦知桂林空虚，兵分两路，攻克全州，疾进严关，孔有德率兵往御。顺治九年六月二十八日两军在严关相遇，次日，七月初一日，展开激战。李定国使用象阵，"象骑云拥龙吼"，"兵未交而象列于阵前，劲卒山拥，尘沙蔽目"，清军从未见过这种阵势，惊骇万分，"战马闻象鸣皆颠蹶，有德众遂奔，掩杀大败"，孔有德仅以身免，策马退入桂林。七月初四日，大西军以云梯攻城。孔有德率领仅有的少数士卒坚守，身遭敌矢，仍不退却，但大西军进攻猛烈，势不可挡，陆续冲入城内。孔有德"仓皇计穷"，遁走无路，急返府邸，"聚其宝玩于一室，手刃爱姬"，"拔剑自刎"。其独生子孔廷训为大西军俘获。李定国随即乘胜下柳州诸府州县，悉定广西全省。曾经威震三军为帝效忠的定南王平南大将军孔有德，就这样为大西军击败而自尽了。

二　和硕亲王、定远大将军尼堪中伏被杀

少年天子福临于顺治九年六月二十九日降旨谕令续顺公沈永忠坚守湖南湘潭等地，等待大兵援救后，立即召见议政王大臣商议出征之事，决定派禁旅往剿。顺治九年七月十五日，此时定南王孔有德虽已死去十一日，但京师尚未得到消息，故帝仍以解救沈永忠，

征剿湖南、贵州大西军为目标，命和硕敬谨亲王尼堪为定远大将军，统率大军，往征湖南、贵州。帝赐王御服、佩刀、鞍马等物，又赐随征之贝勒巴思汉、屯齐、贝子扎喀纳、穆尔祜、镇国公韩岱、固山额真伊尔德、梅勒章京卫正等蟒衣、鞍马、弓矢、刀、带等物。

尼堪乃太祖之孙，太祖长子褚英贝勒之第三子，现年四十三岁。他早年便跟随伯叔兄长南征北战，屡立军功，崇德元年封固山贝子，后又多次参加对明作战，顺治元年随睿王入关，大战山海关，又相继随靖远大将军英亲王阿济格、定国大将军豫亲王多铎、靖远大将军肃亲王豪格攻陕西、河南大顺军，下江南，追缚福王朱由崧，平四川，攻剿大西军，所在立功，晋封至和硕敬谨亲王，在宗室王、贝勒、贝子中，也算是一位久经鏖战的骁勇之将了。

随尼堪出征的贝勒、贝子、将领屯齐等人，也非文弱之辈。屯齐贝勒、扎喀纳贝子皆系清初创业开国赫赫有名的二大贝勒阿敏之孙，转战各地一二十年，屡败明军、大顺军与南明军。贝勒巴思汉亦系将门之子，其父乃清初智勇双全的开国元勋成亲王岳讬。吏部尚书、固山额真、镇国公韩岱，系太祖次弟诚毅勇壮贝勒穆尔哈齐之第五子，围松山，进山东，战山海关，破潼关，克扬州，下福建，南征北战十余年，是一位上马提刀下马治政的将才和能臣。固山额真伊尔德、阿喇善、喇玛、署护军统领梅勒章京赖赛、劳翰、罗硕、格善、索尔和等数十员将领，也曾多次征战厮杀，伊尔德更是军功累累，所向披靡。这次从北京调往征战的八旗军，人数也很多，加上当地绿营和定南王旧部，总数约有十万。为什么这样强大的军队会遭惨败，主帅被歼？这首先要归过于尼堪本人指挥失误。

尼堪于顺治九年七月统军出京后，十一月抵湖南湘潭，大举向大西军李定国部进攻，首战败敌军骁将马进忠于湘潭（马乃明末农民起义十三家之一，后降南明永历帝），马进忠撤至宝庆，李定国亦见清军势大，难以抵挡，撤出长沙，退往衡州。尼堪旗开得胜，万分高兴，不顾长途奔袭将士疲劳，乘胜轻骑猛追，“昼夜疾趋二百三十里”。李定国利用清兵骄傲气盛轻敌的弱点及林木茂密的有利地形，设下埋伏，遣派小股部队前往诱战。尼堪果然中计，十三日孤军逐北，在衡州打败李定国诱敌之兵，即穷追不舍，突然，李定国指挥四万大军从林中及各埋伏地点冲了出来，衡州城内的大西军亦呐喊杀出，清军阵乱，遭敌围困。尼堪见势不妙，决心死战，对诸将说：“我兵凡临阵，无退者，我为宗室，不斩除逆寇，何面目归乎？”遂奋勇直入，率诸将士纵横奋击，矢尽，拔刀力战，被敌军乱刀砍死，清军后退。

战况表明，尼堪之死，纯系轻敌冒进，堂堂一位统领十万大军的主帅，一位爵为宗室之中最高等级的和硕亲王，居然仗恃匹夫之勇，率领少数侍卫将士，脱离大军，孤军疾驰追击，致入伏中，被十倍以上敌军围困，焉能不败！可以说，尼堪之死，是咎由自取。但是，这与朝廷的指挥失误也有密切关系。顺治帝年方十五，未曾厮杀，当然不谙用兵之道，而这时主持用兵的以郑亲王济尔哈朗为首的议政王大臣，对敌情既不了解，又很轻敌，满以为不过是屡为清军所败的大西军余部一时得手，些须小寇，不堪一击，直到顺治九年七月偏沅巡抚奏报孔有德兵败自尽时，仍说“逆贼孙可望陷广西桂林府”，定南王自缢，连逼死孔有德之敌军统帅的姓名也弄错了，张冠李戴，对敌情真是一无所悉。他们哪里知道，大西军虽于顺治三年在四川西充惨败，领袖张献忠战死，不得不退出四川，转战云贵，元气大伤，但是，大西军并没有垮，在张献忠亲自培养重用的四位养子平东将军孙可望、安西将军李定国、抚南将军刘文秀、定北将军艾能奇的领导下，临危不惧，遇败不馁，振奋精神，智取猛打，顺治四年已进据云南、贵州，部众增至二十余万。四将军同时称王，建立大西政权，设元卿，以“兴朝”为年号，称主帅孙可望为“国主”，尊张献忠为“老万岁”。顺治五年以后，虽与南明永历帝联合，尊其为君，但仍自主本部本辖区军政事务。

顺治九年春，孙可望两路出兵，一路以安西王李定国为主帅，冯双礼为副帅，统领马步兵八万，经黔东，出湖南，由武冈趋全州，直逼桂林；一路由抚南王刘文秀率领，王复臣为副帅，由滇东出四川叙州，下重庆，包围成都。孙可望为全军主帅，居中策应。刘文秀大败清平西王吴三桂于叙州，擒都统白含章、白广生于重庆，明旧将谭洪等及义军杨大展等各有兵数万，受永历帝封爵。刘文秀虽因屡胜骄傲轻敌，致即将于保宁围歼吴三桂时，被吴三桂乘隙率精兵出击而战败撤围，但吴三桂亦胆怯，退守汉中，川东、川西、川南皆为大西军及故明旧将占据。

李定国一路，势如破竹，四月下沅州、遂卫、蓝田，五月下武冈，克宝庆，六月夺取全州，“尽歼李养性之众，只蹄片甲不返”，又于严关鏖战，“清兵大败，横尸被野”，七月初四日下桂林，逼孔有德自杀，随分兵取柳州等地，尽据广西。八月李定国又北攻湖南，取金州、永州，九月克衡州、常德、岳州，并东进江西，连下永新等地。“兵出凡七月，复郡十六、州二，辟地将三千里。”李定国智勇双全,“兵律极严”，围攻桂林时,“军营城下，寂然无声，师尽撤矣，城中尚不知”，故能歼尼堪、灭有德,“两蹶名王，天下震动”。

对于这样的劲敌，清廷却只当作“余孽”、残寇，轻举妄动，冒进涉险，兼程轻骑奔袭，怎能不败!

顺治帝获悉敬谨亲王尼堪败死的噩讯后，万分震惊，立即采取应变措施，于顺治十年正月十三日谕授随征贝勒屯齐继为定远大将军，统领征剿湖南大军，并连发三道敕谕，着重讲了四个问题。一是要全力制敌，不是以部分军力，更不是孤军远驰,“昼夜疾趋二百三十里”，致士马疲劳。二是主帅不能独断专行，只身远奔。三是保证主帅安全。四是严明军纪，随同尼堪轻骑远征的将士,“弃主帅奔溃者”，立即就地正法。

这一及时正确的用兵方略，保证了清军转败为胜。顺治十年六月十九日，定远大将军屯齐贝勒等将报捷之疏送到皇上面前。屯齐等奏报：敌安西王李定国、国公马进忠率马步兵四万余至永州，臣等以西安府八旗军和湖广提督柯永盛之绿营兵驻守衡州，而大军则于二月十三日向永州前进，二十八日抵永州，李定国已遁，度龙虎关而去。又闻敌秦王孙可望亲率兵来靖州，将军冯双礼率兵二万余来武冈州，大军于丁三月初六日自永州向宝庆进发，十五日擒人问信，答称冯双礼、白文选、马进忠率兵四万余人屯营于岔路口三十里之周家坡，孙可望在宝庆，我军遂住宿于岔路口。次日前进，见敌营于山顶，据地颇险，日暮天雨，不便进攻，列阵相抵。至夜，孙可望率全军自宝庆来，与冯双礼军会合。十七日，“贼众十万下山环阵，进薄我军，我军分兵奋击，斩杀甚众，获马匹七百余、象一只，军器无算”。帝甚喜，降旨批示：“贝勒等破贼立功，深可嘉尚，有功人员著察明议叙。” 阿尔津亦领兵败白文选于辰州。广西定南王部下将领线国安、马雄等得到平南王尚可喜之水师支援，攻下浔州、梧州，又乘李定国与湖南贝勒屯齐大军相持，尽复平乐、桂林等府州县，“广西略定”。李定国仅据有湖南之沅州、靖州和武冈州，余地皆为清军夺据，李定国只好撤出湖南，退守广西南宁一带。清军挽回了孔有德、尼堪之死的败局，重新获得了主动权。在这样的形势下，顺治帝又在用兵方略上作了重大改变，采取了新的战略战术，这就是委派洪承畴经略五省军务。

三　洪承畴经略五省　收复湘楚粤桂

定远大将军屯齐虽曾击败孙可望、李定国，但大西军并未受到根本性打击，仍有军士数十万，据云贵，扰两广，威胁湖南。四川亦干戈不息，郑成功军队日益强大，而清军定南王孔有德，敬谨亲王尼堪相继败殁，浙闽总督陈锦往攻郑成功时被刺死，备受皇上赞扬，厚加赏赐、封授男爵的勇将左都督辰常总兵徐勇，被白文选围困于辰州，城陷被杀。看到这些情形，顺治帝反复思考，觉得应该改变几年来只征不抚，或偏重于攻，轻视于抚的方针，决定改为以剿为后盾，以抚为主，抚剿兼施，在以王贝勒、固山额真为统帅的八旗军支持的前提下，重用故明降臣，充分发挥汉兵的作用。因此，在顺治十年五月，他作出了出乎人们意料之外又使人们大为震惊的重大决定，下诏委授洪承畴为五省经略。

顺治十年五月二十五日，帝对内三院下了一道长谕，讲述改变用兵方略，授命洪承畴经略湖广五省军务之事。

不久，世祖又于闰六月初五日正式赐经略洪承畴敕书，在前谕之基础上作了一些重要的具体补充。全敕如下：

> 兹以湖南两广地方，底定已久，滇、黔阻险，声教罕通，不逞之徒，未喻朕心，时复煽惑蠢动，渐及湖南，以致大兵屡出，百姓未获宁息。朕承天爱民，不忍勤兵黩武，困苦赤子，将以文德绥怀，归我乐宇，必得夙望重臣，晓畅民情，练达治理者，假以便宜，相机剿抚，方可敉宁。遍察廷臣，惟尔克当斯任，前招抚江南，奏有成效，必能肃将朕命，绥靖南方。兹特命卿经略湖广、广东、广西、云南、贵州等处地方，总督军务，兼理粮饷，听择扼要处所驻扎，应巡历者，随便巡历，总督应关会者，必咨尔而后行，尔所欲行，若系紧急机务，许尔便宜行事，然后知会。巡抚、提督、总兵以下，听尔节制，兵马粮饷，听尔调发。文官五品以下，武官副将以下，有违命者，听以军法从事。一应抚剿事宜，不从中制，事后具疏报闻，满兵留撤，俟到日酌妥即行具奏。事关藩王及公者，平行咨会，相见各依宾客礼。文武各官，在京在外，应于军前及地方需要者，随时择取任用，所属各省官员，升转调补，悉从所奏。抚、镇、道、府等官，有地方不宜，才品不称，应另行推

用者，一面调补，一面奏闻，吏兵二部不得拘例掣肘。应用钱粮，即与解给，户部不得稽迟，如紧急军需，拨解未到，即与就近藩司、榷关行文取用，具疏奏闻。其归顺官员，内外酌量题录，投降兵民，随宜安插。事会可乘，即督兵进取；时宜防守，则慎固封疆。各处土司，已顺者加意绥辑，未附者布信招怀。四川、江西、河南、陕西地方，邻近湖广，应有兵事相关者，移文总督巡抚，犄角策应。卿受兹委任，务开诚布公，集思广益，收拾智勇，毋为逆党所诱，绥辑穷黎，毋为贪官所苦。进战，则得地以守，固守，则出奇以战，练士卒在平时，选贤良置要地，务使滇黔望风来归，官民怀德恐后，庶称朕诞敷文教至意。功成之日，优加爵赏。地方既定，详善后，即命还朝，慰朕眷怀，尔其钦哉！

这两道敕谕十分重要，是几年以来清廷用兵方略的一大变化，是指导今后一段时期军事行动的基本方针，也是朝廷在任帅人选上的一种新的选择。总观这两道敕谕，结合有关文献，可以看出四个问题。其一，剿抚兼施，偏重于抚。谕、敕皆一开始即强调要“以文德绥怀，不欲勤兵黩武”,“若全恃兵威，恐玉石俱焚”，将此列为经略的首要目标和方略。

顺治帝之所以要作这样的改变，根本原因不外乎两个，一是“民穷则盗”,“兵饥则叛”，兼之征剿时又滥杀乱掠，则“盗”更兴，长期恶性循环，何年才能彻底止“盗”！二是国库如洗，军费巨大，赋税积欠，财政收支严重失衡，将士缺饷缺粮，官吏欠债欠米。剿抚兼施，偏重于抚，可以缓和一下矛盾，减少军费支出，略为缓解一点财政特别困窘之情。另外，顺治帝本人在亲政后勤读经书史籍，屡和儒臣议政，深受儒家学说熏陶，欲效法前代明君仁政，以“爱民”为本，本固邦宁，故愿改变几年来专重于剿的方针。

其二，满汉两用，倚重于汉。此时福建虽有郑成功反清，四川有故明旧将及部分大西军，江西亦常有厮杀，但威胁清廷统治、阻碍其统一全国的基本政治、军事力量，仍然是以大西军为支柱的南明永历帝政权，主要战场在湖南、广东、广西、云南和贵州。这次两道敕谕，授洪承畴为湖广五省经略，即征剿招抚这五省敌军的统帅。洪承畴虽已编隶八旗，但属于汉军旗，且他原来还不是一般汉人，而是官宦之家、书香门第，他本人是明朝进士出身，任至总督，统兵十余万。以这样的降清汉臣为主要战场之大军统帅，且其士卒亦以绿旗兵（即汉兵）为主，在此之前还未曾有过。

回顾以往十年战史，顺治元年四月大战山海关，系摄政王亲统八旗军冲锋陷阵。随后豫亲王多铎、英亲王阿济格、肃亲王豪格、郑亲王济尔哈朗、巽亲王满达海、端重亲王博洛、敬谨亲王尼堪、谦郡王瓦克达、贝勒勒克德浑等宗室王贝勒，皆先后任大将军，统领八旗劲旅，辅以平西、定南、靖南、平南四王及续顺公之汉兵，以及各省绿营兵，征战南北，统一了大半个中国，奠定了统一全国的基础，没有任用过原系汉人之明朝降臣来任大军主帅。如果再加上此时四川陕西主要靠平西王之兵，以固山额真李国翰率领的汉军八旗、绿营为辅佐，广东主要由平南、靖南二王之兵对敌征战，则可显而易见，这种布局，与以往有了很大的区别。

顺治帝毅然做出如此重大的转变，有其客观的原因，那就是八旗军威已不如前了。一系满兵人数太少。入关前夕满洲八旗有三百一十个牛录，按每牛录二百丁计，当有六万二千丁。到了顺治五年，若按年增率百分之三、四算，应有七万丁左右，可是此年八旗编审男丁册载，满洲八旗只有男丁五万五千二百三十丁。现在，时间又过去了五六年，如按正常人丁增长率，也应增加一万丁左右，但是顺治十一年八旗男丁编审册却载称，满洲八旗只有男丁四万九千六百六十丁，不仅未增加，反而减少了五千六百七十丁，即减少了百分之十还多。又过了两年，顺治十四年丁册载，满洲八旗共有男丁四万九千六百九十五丁，仅比三年前增加了三十五丁。蒙古男丁占八旗丁数亦与此类似，顺治五年有二万八千七百八十五丁，顺治十一年只有二万五千八百三十七丁，减少了百分之十。满洲、蒙古八旗人丁之减少，显然是由于长期征战，伤亡困苦，这是使朝廷感到极为不安的大事，照此下去，"满洲根本"、"满洲甲兵系国家根本"之基本国策怎能实行？大清王朝的统治怎能稳固？若再将这少得可怜的五万名左右的满洲男丁分送全国一千七百余厅府州县驻戍，平均一县只有三十丁，又怎能绥靖地方！如将其大部分派往湖广五省主战场，人数伤亡必然可观，满丁岂不又将减少！这是清廷必须认真考虑和妥善解决的一大难题。二是满洲将帅后继乏人。现在的宗室王公中，再也找不出像昔日智勇双全的睿亲王多尔衮、豫亲王多铎，勇猛善战的英亲王阿济格、肃亲王豪格那样的大帅了，连郑亲王济尔哈朗、谦郡王瓦克达、端重亲王博洛、勒克德浑贝勒这样的大将军，此时亦寻觅不出。好不容易挑选了一个勇猛尚可的敬谨亲王尼堪当定远大将军，却又因寡谋轻敌而败死于衡州。满洲八旗士卒，也因长年厮杀和旗地荒芜、家境困难而疲惫不堪，勇锐之气大不如前。这也是清廷在用兵之时必须重视的一个难题。

另一方面，在大清国建立过程中，尤其是入主中原和统一全国的过程中，虽然也出现了姜瓖、金声桓、李成栋等降后复叛的汉将，但大多数前明降臣，尤其是入关以前即已归顺的降臣，还是忠于朝廷，尽心竭力，转战厮杀，立下了许多功劳，是清廷可以信赖和必须依靠的重要力量，洪承畴、尚可喜、孔有德、耿继茂、吴三桂等人，即系明例。因此，顺治帝在任帅上才作出了如此重大的改变，委授洪承畴以平定湖广五省之重任。

其三，经略权大，前所未有。两道敕谕，授予了经略极大的权力。经略有用兵之权，他“总督军务”，“一应抚剿事宜，不从中制，事后具疏报闻”，即征战抚绥，全由经略决定，朝廷不予干涉，只需事后报闻即行，且是“报闻”，而不是“请旨”。就连满兵留撤，即定远大将军屯齐所统之满洲大军是留是撤这样十分重大的问题，亦由经略酌定具奏。“兵马粮饷”，亦全听经略调发。经略有用人之权，不管是现任京官还是地方官员，不论文武，只要经略认为需要，或用于军前，或用于辖地，皆可“随时择取任用”，这就可以称为“洪选”了，比后来平西王吴三桂之“西选”，还更起作用。敕书还规定，“所属各省官员，升转调补，悉从所奏”，连被称为封疆大吏的巡抚，以及总兵、道员、知府等官的去留，也由经略决定。用，则留，不用，则另调他人补任，将原任之巡抚等官另行推用。敕书还明确规定吏兵二部不得拘例掣肘。归顺官员，由经略酌量题录。经略有司法之权,“文官五品以下,武官副将以下”,如有违命者,经略可以“军法从事”,即可杖责直至斩首。经略拥有财权,他“兼理粮饷”,可以根据需要调发粮饷,“应用钱粮,即与解给,户部不得稽迟”,如系紧急军需,即在附近藩司、榷关行文取用。经略有辖理地方之权,位尊,巡抚、提督、总兵以下,听其节制,总督有事应关会者,必咨经略而行。经略无封爵,若按常例,以其大学士身份,低于藩王,现却与平南王、靖南王及续顺公“平行咨会,相见各依宾客礼”。各处土司,由经略决定招抚绥辑,投降兵民,听经略随宜安插。非经略所辖的四川、江西、河南、陕西,因其邻近湖广,故“应有兵事相关者,移文总督、巡抚,犄角策应”。简而言之,经略是辖治五省的最高长官,是指挥五省征抚的最高统帅。这样大的权力,汉官之中(包括汉军旗人),无人拥有,就连贵为王爷的平西、定南、平南、靖南四王,虽也有此类似大权,但地区有限,分别限于四川,或广西,或广东,只有一省,而洪承畴却拥有节制五省之大权,几乎与顺治元年、二年的定国大将军豫亲王多铎、靖远大将军英亲王阿济格之权势相等,远远超过顺治二年摄政王敕谕洪承畴招抚江南之权。当时洪之官衔仅是“招抚南方总督军务大学士”,即重在招抚,用兵之事,又必须与统率八旗大军的平南大将军、贝勒勒克德浑“参酌施行”。

其四,遍观廷臣,舍洪莫谁。经略拥有如此之大的军政大权,当派何人充任?这是一个关系到征抚成败和清廷统治的特大问题。顺治帝在谕授洪承畴为经略的敕书中,讲了这样做的原因。他说:能实现他之“以文德绥怀,归我乐宇”的方针者,“必得夙望重臣,晓畅民情，练达治理者，假以便宜，相机剿抚，方可敉宁。遍察廷臣，惟尔克当斯任，前招抚江南，奏有成效，必能肃将朕命，绥靖南方”。这里面提出了四个条件，一是夙望重臣，二是畅晓民情，三是练达治理，四是招抚江南奏有成效。帝以此四条来“遍察廷臣”，舍洪之外，没有任何人具备这四个条件。

洪承畴受命离京前，皇上特赐经略大学士蟒朝衣袍、帽带、靴袜，松石嵌撒袋、弓矢、鞍辔二副、马五匹，又赐洪承畴奏请同往的精奇尼哈番（子爵）以下拖沙喇哈番（云骑尉）以上之李本深等八十七员将领朝衣袍、帽带、撒袋、弓矢、鞍辔、马匹等物。

洪承畴调度有方，指挥清军奋勇冲杀，连败南明永历帝安南王刘文秀、安西王李定国部队，收复了两广及湖广大部分州县，到顺治十二年底，刘文秀、李定国连败皆弱，李定国只有兵六千据南宁自守。

四 三路会师 平定滇黔

湖广、两广平定之后，本应乘胜前进，夺据云贵。五省经略辅臣洪承畴和倚任他的皇上福临，也都渴望早日平定滇黔，以彻底统一全国、安定民心，减少军费，改善国家财政极其难的窘况，但是洪承畴却认为由大西军保卫着的南明永历帝，势力仍大，故迟迟不愿进攻云贵。此时大西军相当强大，士卒数十万，骁将众多，原称平东将军孙可望、安西将军李定国、抚南将军刘文秀、定北将军艾能奇，皆系能征惯战的猛将，现皆已封王。原来的前军都督白文选，有勇有谋，被孙可望视为亲信大将，封巩昌王，曾代刘文秀坐镇四川，又于顺治九年十一月猛克湖南辰州府，击杀清朝名将辰常总兵徐勇。另外汉阳王马进忠、叙国公马惟兴、淮国公马宝、庆阳王冯双礼等将领，亦长年征战，屡败清军。大西军据有云贵，地形险阻，易守难攻，时袭两广湖南，还与四川义军和大顺军余部及福建郑成功遥相呼应，照说是金城汤池，难以失陷了。

在这“满洲大兵屡苦远驰，地方官民疲于奔命”，军费激增，财政奇困之际，廷臣对洪承畴日益不满，皇上也失去耐心，洪承畴只好以“有罪、无能、老疾”为借口，一再要求朝廷将己“罢斥处分”。福临初尚“优旨慰留”，后便于顺治十四年六月三十日降旨允准其请说：“览卿再奏，病势转久，深轸朕怀，军务殷繁，难以静摄，著解任回京调理。”

经略可以解任，但怎样用兵，却非一纸诏书能解，守既不利，攻又难进，万一冒险进攻，折兵损将，又将如何收场？顺治帝对此可真是苦无良策，忧心忡忡了。

然而天佑清室，正当洪承畴打点行装准备返京之时，正当皇上难定攻守、坐卧不安之际，前线传来了大西军“国主”、“秦王”孙可望前来归顺的特大喜讯，局势顿然改观。

孙可望本是“关西布衣”，先祖屡世力农，家境贫寒，为人所侮，愤而投奔张献忠，初为普通士兵，因其“少年英俊”，机智骁勇，被张献忠收为养子，封平东将军，位列李定国等人之前。张献忠死后，他团结众将，激励士卒，与李定国、刘文秀、艾能奇三将军，率领大西军余部出川，夺据滇黔，对大西军的延续和再度强大，起了相当重要的作用，被将士尊称为“国主”。然而，随着地位的变化，孙可望自私、骄横、嫉贤妒能、专权横行的毛病恶性膨胀。他尤其记恨安西王李定国智勇双全，功大势盛，遇事直言，不媚于己，于南明永历二年（清顺治五年）四月借故执李定国于演武场，杖责五十军棍，孙李之间仇隙已深。

孙可望欲彻底摆脱四将军并尊的传统，遂袭挟天子令诸侯之故事，于顺治六年遣使南明，要求“联合恢剿”，给己秦王封爵。永历帝初尚不愿，几经周折，后遭清军追袭，走投无路，只好逃至孙可望辖区，被安置在安隆，实为软禁，名虽为君，而“大小战争，诛斩封奏”之权，悉归孙可望掌握。

孙可望虽已胁迫永历帝封己为秦王，但野心并未满足，紧张筹划自为天子，而李定国则由于明臣的影响，日渐滋长忠君思想，愿为永历帝之忠臣，孙李之间矛盾日益激化。孙可望几次谋害李定国未遂。顺治十二年，听闻李定国在南宁为清兵所逼欲撤回云南，他急命总兵关有才等统军四万，进屯田州堵击，凡李定国可能来滇的必经之路，刍粮全部焚毁。不料李定国此时虽仅剩下六千士卒，却雄心未减，在接到永历帝于安隆潜行发出的勤王血诏后，立即于十三年春由间道出奇兵抄袭关有才大营后路，关有才大惊，落荒而逃。李定国在白文选协助下，赶抵安隆，奉永历帝朱由榔入云南，与蜀王刘文秀会合，抵达昆明，白文选仍留贵州。

孙可望大怒，于顺治十四年八月初一，令冯双礼留守贵州，以白文选为大将军，总统诸军前行，以马宝为先锋，自率一军殿后，总共有兵六万（一说十四万），急行入滇。九月二十日，两军交战于交水，李定国部只有三万，寡不敌众，然而将士不满孙可望对李定国同室操戈，又久仰李定国之为人及才干，故白文选、马宝、马惟新等大将皆于阵前倒戈内应，李定国、刘文秀见机率兵猛攻，孙可望部下大多迎降。孙可望大败而逃，随行只数十人，逃回贵阳，兵心已变，遂偕妻子财宝逃往湖南，于十一月到达宝庆府境内，遣使赴洪承畴军前求降。洪承畴闻知孙可望来降，无比欢欣，立即奏报喜讯，并说明"病已痊愈"请求留任，同时又连上几疏，陈述了重赏孙可望的理由。

顺治帝得悉孙可望归顺，万分高兴，并敏锐地认识到此乃打破两年来"守既不利，攻又难进"的僵局，为取云贵提供了极大机会，决定重赏孙可望，封孙为义王，"其长史等官级护卫，俱视多罗郡王例"，等同于平西王吴三桂、故定南王孔有德、平南王尚可喜、靖南王耿继茂，又赐北京府邸，还在财政极端困难的条件下赐银一万余两。

顺治帝的这种有远见、有气魄、特别优遇孙可望的独特政策，取得了非常好的效果，使孙可望"感激无地"，尽心竭力为朝廷效劳，从而很快就实现了平定滇黔的多年宿望。

孙可望在两个关键性问题上，帮了清廷的大忙。第一，他"开列云贵形势机宜"，"图画山川迂曲及诸将情形、兵食多寡献之"，使云、贵、川的"虚实险易尽输于敌"，全面、详细、准确地透露了大西军的军事机密，为清军制定正确的作战计划，击败敌军，提供了极为有利的条件。以往清军之所以常吃败仗，很重要的一个原因就是不知敌情。举凡大西军战略战术、将领情形、士卒心情、军事设防，等等，以及山川地形，知之太少，故而犹如盲人胡乱斯打，常中埋伏。现在情形大变，清廷对大西军，对西南是“明如指掌”了，就可出敌不意，突然袭击，稳操胜券。第二，孙可望派人为清军当向导，严重地瓦解了大西军军心，促成李定国惨败。他“遣人赍手书招（大西军）诸将帅，言己受王封，视亲王，恩宠无比，诸将降者皆得予厚爵，非他降将比，唯定国一人不赦。刘永秀之子及马惟兴、马宝等皆为所诱，先后举兵降。定国大溃，乃退师，奉上奔永昌”。简而言之，孙可望的投降及其感戴帝恩，尽力为朝廷效劳，对促成李定国大西军的失败，对清廷的统一滇黔，起了很大的作用。顺治帝的这一着棋下得很妙，使全局皆活了。

少年天子福临还下了另外三着好棋，在三个重大问题上明智地作出了正确的抉择。

第一着妙棋就是允许洪承畴留住经略。这个决定十分正确。洪承畴已经略五省四五年，主要将领和文臣，或系其奏调委任，或共事已久，民情军心皆较知悉，对敌方也有所了解，这支几万人的大军如若能在他的继续统率下，定对用兵大有裨益，否则，大军即将进剿之时，突易统帅，必然产生不少恶劣后果，不利于征剿，并且洪的优秀军事才干、丰富的作战经验，以及对敌情的深入了解，将会对制定正确的作战方案起到积极作用。实践马上就证明了福临这一决定产生了很大作用。

清廷的最初方案是，三路出师收复贵州后，驻于贵州，“具疏请旨，勿即进滇云，定滇大兵来年内进发”。朝廷将此方案交与洪承畴“详确筹画”。洪承畴在“广询细访”、“密会”孙可望后，对西南形势“明如指掌”，便提出重大的修改建议。他认为，原计划有三大缺点，一是三路大军合而为一，集中从贵州进攻云南，李定国便免去前后受敌的危险，“并可合全力以专守一路之险要”，这样一来，清军便难以越过险阻取胜。二是十数万大军集中一地出发，拥挤不堪，“则各路崇山深林，羊肠鸟道，士马大众之往返疲苦，其何以堪”。三系“大兵士马全聚一隅，则用粮益危”，贵州这一极贫之省，“钱粮不及江浙一中县”，军粮供应便成问题。因此，他建议：“两路大兵同时齐发，又一路大兵随后继进，如有一路大兵先进取贵州省城，则别路大兵似可分行、驻扎，既无屯聚拥挤争粮乏食之患，且分路驻兵，得以蓄精养锐，各由径路齐进收复滇云，不致大众再有往返奔疲之苦，一举而数利皆在于我……一举而数害皆在于贼。”这一建议非常及时和正确，为朝廷采纳，如果撤换洪承畴，清军就会犯下不少大错，而影响进取滇黔。

第二着妙棋，就是在选择统帅这个重大问题上，任用了合适人员。他对三路大军的统帅人选，经过反复思考并和商议军务的议政王、议政大臣们多次讨论。最后他于顺治十四年十二月宣布，以宗室罗托为宁南靖寇大将军同经略洪承畴由湖南进，以平西王吴三桂为平西大将军，同固山额真侯墨尔根侍卫李国翰由四川进，固山额真赵布泰为征南将军，与提督线国安由广西进。不久又于顺治十五年正月授信郡王多尼为安远靖寇大将军，同平郡王罗可铎等前往，总统三路。

这些决定非常正确，显示了少年天子非凡的军事指挥才干，主要表现在三个方面。其一，不囿一格，知人善任。这在罗托的任用上显示得格外清楚。罗托是太祖之亲弟追封庄亲王舒尔哈齐之孙，系寨桑古贝勒之长子，早年从征，屡立军功，崇德元年封固山贝子，崇德七年任都察院承政，能文能武，颇有才干。崇德八年八月，其家人都塔里等首告罗托与堂兄扎喀纳之妻私通，扎喀纳之包衣高丽妇人及罗托之包衣敦拜欲告发此事，被罗托杀害。法司审理勘实，拟议处死罗托。太宗命免其死，以其"悖乱违法"，命宗室吴达海等重挞罗托后，将其削爵幽禁，以其家财人口给与郑亲王济尔哈朗。顺治八年三月，复封其为三等镇国将军。十三年五月，因人才缺乏，尤其是开国有功的宗室王、贝勒、贝子、公，大都年老去世，后继乏人，故世祖谕告吏部说：罗托在太宗时，"虽曾犯大罪，因爱其才，且系宗室，特加宽宥。今值国家用人之际，久令闲住，深为可惜，著即补授镶蓝旗固山额真"。不久又擢其为宁南靖寇大将军，领八旗驻荆州与洪承畴共同料理湖广军务。

其二，满汉一体，仰汉冲锋。以前作战，也皆动用汉兵，如近六十万名绿营兵和四王一公之汉兵，但大体上皆系以宗室王贝勒和满洲公侯伯固山额真等高级将领为主帅，统领八旗军为主力，分路征剿，除定南王孔有德外，汉人还未有充当大将军的。这次授平西王为平西大将军，与李国翰率军自川征黔，固山额真赵布泰与定南王部下提督、三等伯线国安由广西取贵，宗室罗托偕经略从湖南前征，三路大军皆系满汉并重，既有大批八旗军，也有平西王、定南王部下和川、陕、楚、湘、桂等省的绿营兵。有两路是满汉统帅并肩议事，另一路满帅权力略大于汉帅。这在皇上分别敕谕三路统帅的敕书中，讲得非常明白。帝"敕谕平西王吴三桂，固山额真、侯、墨尔根侍卫李国翰曰……特命王为平西大将军，同固山额真、侯、墨尔根侍卫李国翰统兵进讨，尔等统领所属官兵及汉中、四川各官兵，由四川前往贵州，相机进取，凡事王与固山额真会议而行”。这里平西王与墨尔根侍卫、侯是平行的。敕谕赵布泰等说：“特命尔赵布泰为征南将军，统兵进讨，尔统领前去官兵并提督线国安标下官兵及湖南调发官兵，由广西前往贵州，相机进取，凡事与提督线国安、梅勒章京富喀、莽吉图等会议而行。”赵布泰之权高于线国安。帝又敕谕罗托：如经略“同大兵前往”，凡事“亦与经略会议而行”。这对调动平西王、线国安、经略大学士和汉将的积极性，起了相当大的作用。

其三，以满洲为根本，满王总统三路。这次进攻，非同一般中小规模的征剿，而是清军与大西军的最后大决战，是清彻底消灭大陆上南明政权的大决战，既十分重要，只许胜，不许败，也不能半途而废，故必须按照先前传统，由宗室王担任三军统帅，以确保朝廷对一二十万大军的绝对控制和征剿的绝对成功。另一方面，略有见识之人都不难看出，这次进剿极有可能成功，不会失败，南明、大西军已非清军对手，因此，谁为全军统帅，不仅涉及该人的功勋事业和荣华富贵，更重要的是，它是关系到朝廷颜面、满洲根本国策和八旗军威的头等重大问题，如让汉人，哪怕是一直为朝廷效劳的平西王吴三桂这样可靠的降将担任统帅，也会使八旗健儿脸上无光，有损朝廷威严，汉将必会趾高气扬。这样的胜利，就成为汉王、汉将、汉兵的胜利，极有可能蔑视满兵，后果之严重就可想而知了。顺治帝委授多尼总统三路大军，就可彻底防止这种危险。

顺治帝在这一关系重大的问题上做得十分妥帖和牢靠，不仅下谕授多尼以总统三路军马之权，并且给其提供了优厚的条件，为其真正名副其实地当上全军统帅，打下了坚实的基础，那就是为多尼配备了最强的将领班子和最强的兵力，使其自然而然成为取滇之主力军。顺治帝不让多尼之军参加攻取贵州之战，因为那只是前锋之战，不是决战，决战地点在云南。有吴三桂等三路军队分路进剿，必能夺据贵州全省了。皇上是要多尼在吴三桂等取贵州后，统军"前往专取云南"，他肩负的是决定双方胜负的关键性重任。多尼手下有一个强大的将领班子。帝命多尼同平郡王罗可铎，贝勒尚善、杜兰，固山额真伊尔德、阿尔津、巴思汉、卓罗等，"统领将士，进取云南。御前侍卫及王、贝勒、贝子、公等护卫，皆酌量随征"。多尼是镶白旗旗主。平郡王罗可铎是镶红旗旗主，成亲王岳托之孙，降袭郡王，现系镶红旗旗主。巴思汉贝勒系岳托之第五子，杜兰贝勒是岳托之弟颖亲王萨哈廉之子。皇上派这两位郡王、两位贝勒出征，实际上是派了下五旗的两位旗主率其旗下将士出征，可见其兵将之众多和精锐。固山额真伊尔德、阿尔津、卓罗都是威名赫赫的勇将。伊尔德以从敬谨亲王尼堪统军征战尼堪败死，而于顺治十一年被夺职削一等伯爵和籍没，但帝知其才，于第二年即授其为宁海大将军征剿南明鲁王之部将阮进等，破敌，取舟山，因功复一等伯爵，并晋一等侯。帝又命"御前侍卫及王、贝勒、贝子、公等护卫，皆酌量随征"，这些侍卫和护卫，大都是骁勇善战的将领。

多尼不仅统率北京八旗军前往，而且后来帝又谕令将罗托率领的驻于湖广的八旗军之大部分将士，交与多尼统辖。这样一来，在进攻云南的东路、西路、中路三支大军中，多尼之中路军便成为王公将领最多、八旗军最多的主力军。这对确保取滇之成功，固然起了很大作用，同时它又足以保证信郡王多尼名副其实地成为整个三路取滇大军的统帅，而如进取成功，则八旗军自然是此战的主力军，宗室王贝勒自然也是立功最大的将帅，清廷制定的“满洲根本”、“满洲甲兵系国家根本”的基本国策，便得以体现。这样的胜利，便不仅是清对南明对大西军的胜利，而且是满洲贵族的胜利，是八旗劲旅的功勋，是英明智慧的少年天子的胜利。这就是顺治帝委授多尼总统三路大军且给其配备了强大的将领班子和八旗士卒的真正目的。

顺治帝的第三着妙棋，是给出征大军制定了正确的用兵方略。这在他赐予多尼、吴三桂、罗托、赵布泰等帅之敕谕中，讲得非常清楚。着重讲了五个问题。一是乘敌内讧，立即出兵。军分三路，先取贵州，再克云南。二是谆谆告诫统帅多尼、吴三桂、罗托、赵布泰不要妄自尊大，独断专行，要与同征的主要将领商议定夺。三是强调戒骄戒躁，谕诫诸帅和众将“毋谓兵强，轻视逆寇，仍严侦探，毋致疎虞”。他特别告诫诸帅要记取敬谨亲王轻敌败死的教训。四是强调“安民”，戒扰，招抚降人。他谕告多尼等将帅：“行师以安民为首务，须严禁兵将，申明纪律，凡归顺良民，毋得扰害，务体朕定乱救民之意……抗拒不顺者戮之。有先被贼胁从，大兵一至，即时迎降者，俱免诛戮。”五是要特别重视招抚少数民族人员。他于顺治十五年三月初五日，特谕平西王、罗托、济席哈、赵布泰、李国翰等将帅：“朕夙以奉天讨罪救民水火为心，是以特命尔等帅师南征，剿抚机宜，俱载前谕。今念贵州等处，民苗杂处，当先加意抚绥，安辑民心，尔等帅领大军，经过府州县及土司蛮峒等处地方，当严行约束官兵，凡良民苗蛮财物，及一草一木，勿得擅取，惟务宣布仁恩，使彼乐于归附。倘官民人等不遵纪律，仍行抢掠者，即加处治，以示惩戒。尔等所领汉兵，一并严行禁饬。其未辟地方，须多发告示，遍行晓谕。尔等受兹敕旨，当恪遵奉行，勿致扰害地方，以副朕除暴安民之意。”帝之此谕，显然是采纳了洪承畴的建议。洪承畴于顺治十五年正月十八日奏称“进取大事，首以收拾人心为本，欲收拾人心，先以约束官兵秋毫无扰为本”,“必先得土司苗蛮之心，而后可认为一劳永逸之计也”。可见留用洪承畴，是十分明智的。

顺治帝采取的厚待孙可望、留用洪承畴、任用得力将帅和乘机及时出兵安民抚“夷”四项带有方针性、政策性的重要决定，实践证明是十分正确的，为大军迅速、顺利攻取云贵，奠定了坚实的基础。

在顺治帝的正确指导下，三军将士奋勇厮杀，战事进展很快。战争的第一阶段是取黔定川。顺治十五年二月，经略洪承畴与宁南靖寇大将军罗托会师于湖南常德，抵辰州，收复沅陵、泸溪、麻阳、黔阳、溆浦诸县，进军沅州，敌将马进忠退走，又檄偏沅巡抚袁廓宇招降靖州，并苗兵赴镇远二十里山口堵御，敌将冯双礼所遣之总兵冯天裕、关廷桂等先后自平越降,“沿途擒斩收降甚众”。四月抵贵阳城中，敌方“文武官俱先遁”。洪承畴奏报捷讯：“自常德、辰、沅至镇远、贵阳，重关高岭，石径尖斜，大雨将及半月，泥泞三尺，满洲兵谓从来出征，未有如此之难，马匹疲毙未有如此之甚，然皆不顾艰险，奋勇当先。汉军、绿旗兵紧随而进。不五十日剿逆抚顺，贵州全省底定，皆皇上德威遐畅之所致也。”罗托亦奏称：克复湖南沅、靖等处，进取贵州省城及平越镇远等府，“共招降伪官兵丁四千九百九十余人，男妇九千八百余名口，获马一千四百余匹、象十二只”。由广西进取的征南将军赵布泰，亦奏报大兵已抵贵阳，“所过南丹州、那地州、抚宁司各土司兵民，及独山州官民，俱来就抚”。

比较麻烦一点的是川军。平西王吴三桂、一等侯墨尔根侍卫李国翰于十五年三月统军从陕西汉中出发攻蜀，由南部、西充至合州，击败敌军都督杜子香，攻下重庆，再进兵铜梓，敌将兴宁伯王兴、总兵王友臣迎降，还有侯、将军等带家口七千余降，以及水西安慰使安坤等具启投诚。大军进克遵义，败敌将刘镇国，获粮三万石，降兵五千，五月又破杨武于开州，进招水西、蔺州各土司。这时南明永历帝之大学士文安之，复督大顺军余部“川东十三家营”及“伪侯谭弘、谭谊、谭文等，以舟师进袭重庆”，吴三桂还兵解救，炮击敌船，“伤死甚多，贼众逃遁”，“谭弘、谭谊杀谭文以降，诸部解散”，四川基本平定，七月吴三桂复屯遵义。第一阶段战事至此结束。

紧接着开始了清军与南明、大西军的决战，双方进入战争的第二个阶段。

信郡王多尼于顺治十五年九月抵贵州平越府，大会三路将帅，议定三路军于十月出发，进攻云南，每路兵各五万名，各解饷银三月，裹半月粮。平西王吴三桂军为北路军，由遵义过七星关攻昆明，约一千五百余里，先中路军十日出发；信郡王多尼军为中路，由贵阳出发，过关岭、铁索桥，往昆明，约一千余里；征南将军赵布泰部为南路军，自都匀出，欲沿贵州、广西边界平浪、永顺、镇远，绕出安隆，直趋黄草坝、罗平州，攻昆明，计一千八百余里，先北路军十五日出发。经略洪承畴、宁南靖寇大将军罗托奉旨驻守贵阳，料理粮饷。李国翰于七月病逝。

李定国已被南明永历帝晋封晋王，总统各军，蜀王刘文秀已病故。李定国遂命巩昌王白文选率军据七星关，防御吴三桂，使庆阳王冯双礼扼贵阳外之鸡公背，抵拒清中路军，自守盘江铁索桥，居中策应。尽管李定国尽力防守，但孙可望的叛归清朝，出现了败局已定的形势，自然给与大西军以沉重打击，致士气不振。李定国又在南明兵部尚书刘远生等人的劝说影响下，思想态度有了很大变化，决心“尽忠戴上”，效忠永历帝，以关羽、文天祥、陆秀夫、张士杰自勉，因而虽然执掌兵马大权，却“小心臣节”，“军行进止，一以诏敕从事”，完全听命于腐朽的永历政权，且任用非人，“往来权佞之门，蹈秦王故辙”，当然引起大西军许多将士不满，从而军心瓦解，不少将领欲图降清，战斗力严重削弱，往往一战即溃。许多土司也见大势已去，又蒙清帝劝诱招抚，纷纷归顺清朝。这样一来，曾经“两撅名王，天下震动”，所向无敌的晋王李定国，竟在清军猛攻下，连战连败，丢弃昆明，仓皇撤走。

顺治十六年正月初八日，少年天子读到了前线送来的收复昆明的捷报。多尼等奏称：多尼、吴三桂、赵布泰三路大军主帅会于贵州平越府之杨老堡，议定分兵进取云南，订于十二月会师云南省城。多尼兵至安壮，斩敌方刘将军，追至盘江，敌军焚铁索桥逃去，我军做浮桥过江，至松岭卫，巩昌王白文选率兵二万拒敌，我军分路进击，大破敌军，遂进抵昆明。吴三桂兵至七星关，因白文选屯兵守险，乃从水西苗倮，间道度关，以袭敌后，敌闻风退去，遂直趋乌撒。赵布泰兵至盘江之罗颜渡口，敌扼险沉船，难以渡河，投诚土司知府岑继鲁献策，从下流十里，取出敌方沉没之船，乘夜潜师而渡，敌仓皇逃走。梁瑞津有敌伯李成爵屯兵一万于山谷口，我军环山四面夹击，"大败贼众，斩获无算"。敌晋王李定国全师据双河口山顶，赵布泰遣兵登山，夺其形胜，"贼列象阵来争山，我军合力奋击，大败之"。至陆格，李定国复率三十营兵士列栅据守，赵布泰分兵为三队奋击，再战俱捷，追杀四十余里，获象马甚众。闻敌尚据铁索桥，乃从普安州间道入云南，"三路大师俱入省城"，李定国、白文选与永历帝奔永昌。帝阅之后，十分高兴，予以嘉奖，命所司察叙。

十六年二月初二日，多尼复令贝子尚善领中路兵同吴三桂、赵布泰等追击，败白文选兵于大理之玉龙关。李定国令总兵靳统武以兵四千扈卫永历帝奔往腾越州，自伏精兵六千于永昌之磨盘山。此山在潞江南二十里，又名高黎贡山，是西南第一穹岭，鸟道深箐，"曲通一骑"。李定国估计清军屡胜穷追，必不戒备，遂设下埋伏，列栅数重，泰安伯窦名望领兵二千为第一伏，高文贵率兵二千为第二伏，王国玺带兵二千为第三伏，约定待清军进入三伏，则定国于山岭发放号炮，首尾横突截攻，清军必全军覆没，一骑不返，部署已定。清军渡澜沧江、潞江，“逐北数百里，无一夫守拒，谓定国窜远，队伍散乱上山”，已有一万二千人，前驱已入二伏。眼看清军就要中伏陷败，大西军可以转危为安了，不料大理知府卢桂生投入清营，泄漏定国密计。清帅大惊，急退，并“传令舍骑而步，以炮发其伏，敌兵死林箐中者三之一，伏起而鏖斗死者亦三之一”。李定国在山岭正因信炮失序而惊讶，忽一飞炮落其前，土飞满面，乃退走入缅，窦名望、王国玺皆战死。清军亦死都统以下十余人，丧精卒数千。清军穷追至腾越州西一百二十里，中原界已尽，瘴深饷惫，惩磨盘山之役，不复追，共降敌阁部大臣侯伯将军总兵以下数十员，“士马象驼数万”。明庆阳王冯双礼、德安侯狄三品等逃入四川建昌卫，清平西王吴三桂遣人往招，冯双礼不从，狄三品等以计擒冯献降，并缴庆阳王金印一颗，大将军金印一颗，金册一副。南明延长伯朱养恩、总兵龙海阳等，原据四川嘉定州，现亦率众来降。不久，四川巡抚高民瞻又率兵克成都，四川亦大部平定，仅大顺军余部川东十三家营犹分据川、湖、楚三省交界处。

五　斩草除根　绞杀永历帝

三路大军会师云南省城昆明，南明永历帝逃入缅甸，晋王李定国退据滇缅交界处，滇、黔、川、湖、桂五省基本平定，这固然是朝廷的特大喜事，统一全国的艰巨任务已基本完成，爱新觉罗江山可确保无虞，巨额军费重担亦可减轻，民殷国富之太平盛世有可能早日到来了。但是，这一特大之喜，又使令人棘手的难题显得格外突出了。这大难题就是如何对付李定国与永历帝。

对于李定国和永历帝，主要是在进剿与防守之间，需要作出正确的抉择。永历帝朱由榔逃入缅甸，李定国率军退据滇缅交界处，若要进剿，山川险恶，道路遥远，瘴疠为害，米粮缺乏，水土不合，既易中敌埋伏，又常染病死亡，而且，战火连年，将士久已劳累不堪，大军远征，粮饷巨万，转运艰难，地方疲敝，国力难支，实非易举，万一进军失利，罢兵则有损威严，再剿恐更难成功。可是，若不将其剿灭净尽，又必再起兵端，时遭袭击，边界难安，西南不宁。简而言之，守更稳妥，省钱、省力、省事、少伤亡，攻则花费太大，颇为冒险，但如成功，则可一劳永逸。是进剿，还是防守，确难决断。

一般认为，力主进剿者是吴三桂，他为了专擅兵权、建树功勋，故坚决主张剿灭永历帝。魏源在其所著的《圣武记》卷一中指出："时桂王已入缅甸，李定国、白文选分窜孟艮、木邦，惟与缅交讧，无能患边，虽有元江土司那嵩叛应之事，逾月即殄，仅癣疥若，我朝亦度外置之，议撤兵节镶，而三桂贪擅兵权，必欲俘永历为功，遂于十七年有《渠魁不剪三患二难》之疏。乃命内大臣爱星阿为定西将军，赴滇会剿。"

魏源此说，有其可信的一面，即吴三桂欲擅兵权和立大功，因而上疏请征。但此说又有其欠妥的一面，即在此之前，顺治帝已欲进剿，议政王大臣会议后，按帝旨意而议定发兵征剿。

顺治十六年五月二十八日，即比吴三桂上疏将近早了一年，内大臣苏克萨哈"接奉上谕：固山额真赵布泰大兵并自固山额真宗室罗托大兵内拨发满兵，出征日久，远历跋涉，未得休息，应否班师回京？并令多罗信郡王、固山额真宜尔德驻扎云南省会，命平西王为总统主帅，择酌参谋大臣，追进缅国，是否可行？著议政王、三固山大臣会议具奏。钦此”。

顺治帝视满兵撤回及追进缅国为特大机密事务，故令“议政王、三固山大臣会议具奏”。此处所说的“三固山大臣”，指的是“天子自将”即天子兼旗主的正黄、镶黄、正白三旗的“上三旗”大臣，而不包括旗主系宗室王爷的正红、镶红、正蓝、镶蓝、镶白“下五旗”的大臣。此事又只令议政王参加，即议政亲王、议政郡王，而不让议政贝勒、议政贝子参加。可见此事之机密，关系重大。

上谕虽以询问的口气，谈应否撤回部分满兵和应否派军进缅之事，但议政王和上三旗大臣根据长期惯例，体会到这是皇上之意，皇上已准备撤满兵和进缅国，故他们即照此商议，并加以具体布置和补充，然后向帝奏报。

以安亲王岳乐领衔的议政王和上三旗大臣于顺治十六年六月初二日奏称：

> 臣等会议得：征南将军、固山额真赵布泰大兵，并自宁南靖寇大将军、固山额真宗室罗托大兵内拨发，固山额真济世哈领往协援官兵，暨自安远靖寇大将军、多罗信郡王大兵内调往援剿官兵，俱应撤回京师。其粤西提督伯线国安官兵，原有汛守，亦应行令回镇，其余随征南将军进取。绿旗官兵应请敕下经略洪承畴相机布置。再照逆贼势穷奔窜，大兵宜追进缅国，

> 歼厥渠魁，以靖根株。相应行令多罗信郡王、固山额真宜尔德同平郡王、各贝勒、贝子、公并辅国公品级固山额真宗室巴思翰等，统领阿力哈超哈，每牛录兵各三名，每甲喇各章京一员，每翼各梅勒章京一员，驻扎云南省会，镇守地方。其余每牛录各巴牙喇四名，各纛章京、甲喇章京、先锋噶喇昂邦章京兵丁等，阿力哈超哈每牛录各兵六名，并各固山额真、梅勒章京，并乌金超哈官兵、墨勒根辖下乌金超哈官兵，俱应全令进剿。至定藩下梅勒章京李茹春下官兵应行挑拨三分之二，令茹春亲领进征，余令留驻云南省城。以上各官兵俱令平西大将军、平西王吴三桂为主帅总统，会同固山额真卓罗商酌追剿。卓罗即令在平西王营盘内驻扎。……若缅地难行，或另有阻滞，该藩即相度地方驻歇兵马，具本奏闻可也。

顺治帝当日即阅读此奏，并降旨批准其议说：“依议。”

皇上的圣旨和议政王与上三旗大臣的会议，将进取缅国之役规定得十分明确和具体，平西王吴三桂总统全军，会同固山额真卓罗商酌进剿。哪些人驻扎昆明，信郡王多尼率领的满洲旗兵、汉军士卒，已故墨尔根侍卫、侯李国翰之汉军官兵，已故定南王孔有德部下官兵，如何分派留守与进取，皆规定具体详细。目的是“歼厥渠魁，以靖根株”，即彻底消灭南明永历政权和李定国部大西军。这是圣旨，文武群臣只有执行，不容反驳。但是出乎朝廷意料之外，五省经略辅臣洪承畴竟对此事持有不同意见，上疏请求停攻。

当兵部密咨洪承畴，传达上述谕旨后，洪承畴于顺治十六年八月十八日专上了一道密本，又上了一道揭帖，谏阻用兵。

这道揭帖很长，足足有四千字，大体可分为五部分。第一部分是总的基调，极言先安内，然后才可外剿。

第二部分是详述兵民穷困，粮草奇缺，米价腾贵。“窃惟云南寇乱多年，蹂躏至极，兵火残黎，朝不保夕，粮米腾贵，买备无出，军民饥毙载道，惨观见闻。”中路大兵及广西大兵，驻扎八月余，“赖有贼遗粮米料谷接济支用”，不需买备，但到九月即要用完。时下省城买米已十分艰难，兹又要出兵追剿，必于沿途预备兵粮，平西王已来面商，前途需要大量喂马料谷，但迤西一带，较省城附近各府残毁尤甚，今岁栽插未及三分之一，九月十月才能成熟，姚安、大理各处道府州县四五月内，民间市斗，米一石为五六两，六七月每石已涨价两倍多，且“搜买不出”。“分驻汉兵月米马匹料谷，皆不能按月支给。”大理府以前之永昌一带，“人烟断绝，买备更难”。自永昌、腾越以前地方，“尽属土司，仍未归附”，更无从预办。大兵时有断粮之忧。

第三部分是讲地形险恶、气候恶劣。李定国等逃窜猛猛、孟艮等处，“山川皆极险远，兼之瘴疠为害”，九月霜降以后，方行消落，来年二月瘴即复起，“满洲大兵为朝廷六师，岂可久顿异域”！计自出兵至回兵仅有四个月，“恐亦未能穷追远剿”。

第四部分讲恐怕李定国将逃往广西或进袭内地。

第五部分是讲不宜于秋冬进兵。敌潜藏边外，无居无食，瘴疠受病，内变易生，有机可乘。倘一年之内，余敌犹存，则于来年八九月间进兵，“彼时云南军民渐定，兵粮自粮凑备，土司苗蛮渐服，残兵降卒已安，并调拨将兵陆续齐集”，“然后责成防御，分行进剿，庶为一劳永逸固内剿外长计”。

洪承畴讲的以上几条停征的理由，兵民疲惫，粮草奇缺，地形险阻，气候恶劣，土司与李定国结盟等等，应该说是有根据的，并非虚构，原因很简单，云南不只洪承畴一人，还有大批满汉文武官将，他们也要向帝奏报兵情民情和敌情，洪承畴若谎报，朝廷不难觉察，而且这次是万岁已决策进剿，议政王大臣已议准用兵方案，洪承畴是冒险谏阻，更需如实呈述情形，否则必遭其他驻滇大臣劾参。然而，尽管理由虽有，根据也很充分，很有说服力，但是洪承畴的真正意图又是什么？他想达到什么目的？是他所说目前困难，不具备用兵条件，今秋暂且停止，来年大举，还是以困难为根据，根本不想进剿？洪承畴的内心想法，定是绝对机密，不会向任何人透露，目前也未发现关于此事的任何史料，可是，就其揭帖所述困难而言，显然不是三五年内能克服的。比如，粮草奇缺这一条，十年二十年也不能解决；地形险阻气候恶劣，永远不可能改变；某些土司与李定国立盟，互相呼应，除非形势剧变，清军全胜，否则亦难有大的变化。照此说来，那就不是今秋停征，而是十年二十年甚至永远不能进攻缅甸，活捉永历帝，全歼大西军了，这就是说，洪承畴不主张进剿，反对用兵。

此揭帖和密本送到京师后，谅必使皇上与议政王、贝勒、大臣大为震动，不准其请，一则确有很大困难，二则身居五省经略要职的洪承畴不愿用兵，如若勉强令其从事，则必消极怠弛，马虎应付，粮草兵饷军器等等的供应便会受到很大影响，定必贻误军机。不管是出于什么考虑，最后议政王、贝勒、大臣遵旨会议此事时，还是赞同了洪承畴的意见，拟议暂停进攻，顺治帝也只好同意此议，大军遂停进剿。但是，此事也仅是暂时中止而已，福临并未打消攻缅擒杀永历帝、全歼大西军的念头，故仅仅过了七个多月，平西王吴三桂奏请进剿时，他很快就批准其请。

顺治十七年四月二十二日，吴三桂的《渠魁不翦三患二难》再次奏请进剿之疏，被送到了皇上面前。

帝阅疏之后，命议政王、贝勒、大臣及户兵二部速议。过了八天，四月三十日，议政王、贝勒、大臣等议奏：平西王吴三桂疏言永历在缅，伪王李定国借以蛊惑人心，相应进剿。其见在云南满洲官兵，听该藩与各都统商酌率往。至于兵马钱粮，所需甚多，不惟措处艰难，亦万难即运至滇，目前应用草料，敕该藩设法措备，务使兵民两利。再查户部拨给云南十七年八分兵饷银三百三十万两，已经催解，其已解到者，听该藩支给进征兵丁，其未解到者，仍严饬各督抚星夜解往，以为接济。帝阅后未即批示，仅命学士麻勒吉、侍郎石图前往云南，与吴三桂面商机宜。

麻勒吉、石图赴滇与平西王商议后，回京呈报详情。顺治帝考虑再三，决心出兵，于顺治十七年八月十八日，授领侍卫内大臣、一等公爱星阿为定西将军，率领八旗军，往攻李定国。帝赐其敕谕说："兹以逆贼李定国已经败窜，怙恶不悔，宜靖根株，以安疆圉，特命尔爱星阿为定西将军，统兵同平西王吴三桂相机征讨，凡事与都统卓罗、郭尔秦、孙塔、署护军统领毕立克图、护军统领费雅思哈等，会议而行。如进剿，则令卓罗守城。俟到平西王处，一切事务，俱用王印行。若不与王同处，即以尔印行。”

顺治帝能作出这一决定，颇为不易。他虽然早就想发军进缅，但困难太多太大，洪承畴讲了一大套不能用兵的理由，言之有理，持之有据。就连渴望显威异国、建树奇勋、扩大势力的平西王吴三桂，也有“措粮之难”、“培养之难”的二难之叹，实际上还有一难，即没有钱，财政异常困难。本来经过他亲政后的努力，才过两年多，便已从库无分文，到顺治十一年六月变为户部有“剩银”二百六十万余两，照此下去，国库不久就会积存数以千万两计的白银，黎民也会逐渐丰裕。可是，好景不长，顺治九年冬起，因李定国“两蹶名王”，定南王孔有德、敬谨亲王尼堪相继败死，朝廷遣派大批八旗军远出征剿，又增加了不少绿营兵，以致军费急剧增多，顺治十一年六月已开支军费一千四百余万两，顺治十三年又增至一千八百余万两，严重入不敷出，“兵饷缺额四百四十余万(两)”。顺治十五年大征滇黔，三路大军十五万士卒，加上从征役夫，开支极大。顺治十六年正月起，除平西王原有之大量兵士外，云南有“投诚兵”及绿营兵六万名，还有满洲绿旗兵丁数万，致“云南一省需银九百余万（两)”，而全国所征之赋，扣除地方存留外，户部所得之“天下正赋止八百七十五万余两”，尽解云南，尚不敷用。如若再征缅甸，军费还要增加，从何筹措，民何以堪，国何以支？

除了办粮难、民贫难、筹银难这三大难以外，就顺治帝个人而言，他又正处于极端困难的窘境，那就是他极为宠爱的皇贵妃董鄂氏已经病危，而且就在他谕授爱星阿为定西将军、正式决定进军缅甸的第二天，她就去世了。这对于顺治帝这位史上罕见的痴情帝君而言，是最大甚至可以说是致命的打击，他确是悲不欲生。

处于这种情形下，要下谕大举攻缅剿灭南明大西军，是需要很大勇气的。福临之所以敢在“三大难”和爱妃病危的极为沉重的压力下，作出出兵的决定，谅必是他看到，不如此，国难以安，难以富，民难以宁，难以裕，所以他宁可在自己体弱已病且不久就要离开人世以前，咬紧牙关，果断决策，为大清王朝的繁荣富强和长治久安，为黎民的安居乐业、日渐丰裕，而负此重任。

定西将军爱星阿奉帝谕旨，率领禁旅，赴滇与平西王吴三桂会同进攻，并敕谕近边各土司及缅甸，令献永历帝。正在集聚兵马准备粮草之时，顺治十八年春传来了皇上驾崩的消息。吴三桂“犹豫不进”,“爱星阿曰：君命不可弃，督兵先行”，过了三天，吴三桂乃统兵进发。顺治十八年九月，满汉将士、土司兵及降兵七万五千名，以及炊汲余丁，共十万人，由大理、腾越出边，吴三桂、爱星阿率兵五万出南甸、陇川、猛卯，总兵马宁、王辅臣、马宝领二万余人出姚关，十一月初八日两军于木邦会师。吴三桂、爱星阿奏述战情：晋王李定国已退至景线，巩昌王白文选遁据锡波。官兵自木邦，昼夜行三百余里，临江造筏将渡，白文选复奔茶山。吴三桂、爱星阿遣总兵官马宁等将率偏师往追，自领大军直趋缅城，先遣使往传谕“缅酋”，令执永历帝朱由榔，否则兵临城下，后悔无及。十二月初一日大军至缅城,“缅酋震惧”，执朱由榔及其母、妻、子并从官家口献于军前，杀华亭侯王维恭等一百余人。总兵官马宁等追至猛养，白文选及从行官员兵丁三千八百余名、家口七千余名，

“全军归降”。十二月初十日，大军回滇。康熙元年（1662 年）四月，吴三桂以弓弦杀永历帝及其子，送其母亲进京，母亲于途中自尽。六月二十七日，李定国病逝，其余部不久降，南明永历政权及大西军皆为清军所灭。

进缅捷报传来，顺治帝已去世一年，他在九泉之下，谅必也会对自己的出征决定感到欣慰吧！

第七章　江洋鏖战　海内归一

一　抗清复明　国姓爷起兵海上

郑成功，本名郑森，字明俨，祖籍福建南安石井乡，出生于日本，母为日女田川氏，父郑芝龙。

郑芝龙乃明季活动于闽粤沿海一带的大海盗、大海商，部众数万，有船数千，于崇祯元年（1628 年）为明福建巡抚熊文灿招降，初任游击，崇祯十三年晋至福建总兵官。他独擅通洋巨利，勒令商民纳税（称为“报水”），北至吴淞，南至闽粤，“海舶不得郑氏令旗，不能往来，每船例入三千金，岁入千万计，芝龙以此富敌国”，田园遍闽粤，年收田租巨万。他还在住地安平（今福建南安安海镇）筑城垣，建府地，守城之兵，“旗帜鲜明，其甲坚利”。清顺治元年八月，南明福王封郑芝龙为南安伯，镇守福建。第二年五月福王亡，郑芝龙拥立唐王朱聿键，改元隆武，芝龙被封为平国公，执掌八闽军政大权。清廷遣使秘密招降，许封王爷和授三省总督，郑芝龙遂降清，致隆武帝为清军杀害，闽省大部分地区为清军占据。清廷背弃诺言，逼押芝龙入京，授三等子，编入汉军正黄旗，实为软禁。

郑成功自日本回国后，考中南安县学秀才，入南京国子监读书，返闽后曾入侍隆武帝，蒙帝宠爱，赐其姓名为朱成功（故人称“国姓”或“国姓爷”），封御营中军都督，仪同驸马，协理宗人府事。不久帝又封成功为忠孝伯，赐尚方剑，挂招讨大将军印。成功坚决劝父不降，未允，便在叔父郑鸿逵帮助下，“密带一旅遁金门”。

顺治三年，清军进驻安平，大肆淫掠，田川氏被辱，万分愤怒，剖腹自杀。郑成功获悉，率师急奔安平，清军退回泉州。

成功深痛国破家亡，君、母均死，毅然将过去穿戴的儒服儒冠携至文庙跪哭焚化，出家资犒师，自称“罪臣国姓成功勤王”。初期仅有弱兵数千，他惨淡经营，拼死厮杀，大力扩充兵马，屡攻福建同安、海澄、泉州、漳州、云霄、诏安及广东潮阳、揭阳等地，又遣使奉表赴广西，向南明永历帝朝贺，帝初封其为威远侯，不久晋延平公，后又晋延平郡王。顺治七年，郑成功袭据了金门、厦门，以此为抗清基地，拥兵四万余人，声势大振，明朝宗室、遗臣纷来依附，海上群雄亦俯首听命。第二年初，成功率军勤王，欲图解救被清军数万围攻之广州，三月攻下惠州。清军乘机偷袭厦门，尽掠芝龙、成功父子两代积蓄的金银珠宝和米粟数十万斛而去，成功率兵回救，清军早已撤走。成功大怒，引刀断发，誓必复仇，重修城垣炮台，大会文武，议失守功罪，赏罚无私，群将佩服，兵势复振，部众增至六万余人。他率军先后连取海澄、漳浦等地，大败清浙闽总督陈锦、提督杨名高、总兵王邦俊，九年四月进围闽南军事重镇漳州，长达八月，下漳属七县。陈锦出征，为家奴刺杀，以其首献与成功。一时八闽震动，延平郡王之军成为威胁清在闽粤浙省统治的强大对手。

二　以抚为主　顺治帝一再招抚

顺治九年（1652 年）十月初九日，15 岁的少年天子福临，下了一道十分重要的敕书，赐予浙闽总督刘清泰。这道敕书的重要性在于，它对朝廷的方针作了很大的改变，即以抚代剿。在此之前，清对郑成功部义军，一直采取军事征剿的方针，派兵进攻，设兵防御，刀枪相见，除了杀杀杀，抢抢抢，没有其他方式，现在才有了大的改变，遣人携带郑芝龙的劝降书，前往劝诱郑成功及其叔父郑鸿逵等人归顺清朝。

朝廷之由剿变抚，原因很多，主要是为军事形势所迫。此时，孙可望、李定国、刘文秀领导的大西军连克四川、湖南、广西、广东大部分州县，两个多月前清平南大将军、定南王孔有德在桂林兵败被围自杀，定远大将军和硕敬谨亲王尼堪统领八旗劲旅急赴广西征剿，局势吃紧，清廷抽不出更多的兵力对付郑成功，而郑成功正利用这一有利时机大举进攻，连占州县。另外，八旗军尤其是满洲八旗将士不习水战，惮于舟行，江海之上头晕目眩，寸步难行，无法对付棹舟如飞的郑军。因此，皇上决意改剿为抚，且不惜归罪臣工失误有过，来劝诱郑军停战归顺，以便集中兵力征剿主要敌人大西军。

顺治帝的这一决策，是符合军事形势的，但其判断还欠精确，对大西军之军威估计不足，对郑军之实力也有所低估。这在劝降的条件和招降失败仍要进剿这两个方面表现得十分清楚。他招劝郑成功降顺时许诺的优遇条件是：赦罪授官；驻扎原地，不必赴京；责成防剿浙闽广东海寇，管理往来洋船，稽察奸宄，输纳税课；擒斩海中伪藩逆渠，不吝爵赏。这些条件并非十分优遇，好些招降之许愿远远比这更为优厚。

顺治十年五月初十日，世祖降敕，封精奇尼哈番（子爵）郑芝龙为同安侯，郑成功为海澄公，郑鸿逵为奉化伯，郑芝豹为左都督，并赐以敕谕。此敕与七个月前帝赐与浙闽总督刘清泰之敕，在变剿为抚、招劝郑成功停战归顺这一根本点上是相同的，但此敕在五个重要问题上又与前敕颇有差别。其一，前敕乃帝赐与总督之敕，命其招抚，不是赐与郑成功，清帝与成功并未直接交涉，现在此敕虽系赐与郑芝龙、郑成功、郑鸿逵、郑芝豹四人的，并非仅赐与郑成功，且就字数而言，讲郑芝龙的事篇幅最多，但论其实质，则显然是以郑成功为主要对象，竭力劝其归顺，并专门说明还将赐成功、鸿逵专敕，大清皇帝第一次与南明延平郡王郑成功打交道了。其二，清帝正式敕封诸郑爵位，郑芝龙由一等子，跳越伯爵，超晋同安侯，郑成功封海澄公，位列公侯伯子男五等爵之上爵，郑鸿逵封奉化伯，较诸当年郑芝龙奉献全闽率部十余万降清仅得到一个三等子而言，这次是十分优遇了。其三，敕谕到日，“满洲大军，即行撤回”，以表示诚心招抚，不事攻战。其四，斥责马得功等人贪利冒功，妄行启衅，袭掠厦门，已将他们提解问罪。其五，用词委婉，劝解宽慰，动之以情（父子之情、弟兄之情），诱之以恩，远非招降一般将领所能比。五点集中为一点，即顺治帝对郑成功是破格优遇，竭力劝其停战归顺。

两敕之间有着如此重大的差异，根本原因还是在于郑军势大和清军失利被动。自顺治九年十月帝密谕浙闽总督刘清泰招抚以来，郑成功屡攻清地，十年三月，又遣南明定西侯张名振率忠靖伯陈辉、中权镇黄兴、护卫右镇沈奇、礼武镇林顺、智武营蓝衍、后镇施举等将，领兵二万，战船上百，进入长江，攻打浙江、江苏。张名振等攻崇明，破镇江，登金山燕子矶，遥祭孝陵（明太祖朱元璋之陵），掠战船三百艘于吴淞口。

顺治十年四月，清平南将军金砺率马步军数万进攻海澄，五月初四日用大小铳枪数百门“日夜连击，无瞬息间断”，郑军“营垒整而又坏，官兵无可站立，损伤者多”。郑成功遣参军遍谕各营将士，决心死战，三军士卒拼死厮杀，清军“四面蚁傅登城”，郑军“众斧迎之，随斧随堕，濠为之平”，清军伤亡甚多，撤围而去。南面的郑军既不能消灭，北边湖南战场又失利，尼堪于衡州中伏兵败被杀，大西军“两撅名王，天下震动”，对清廷带来严重威胁，清政府必须集中力量对付大西军。因此，顺治帝才于顺治十年五月初十日特降敕书，封郑芝龙、郑成功等人为公为侯为伯，予以更大的优遇。

郑成功于八月在厦门收到郑芝龙的家人李德、周继武等带来的父亲手书，言及“清朝欲赐地求和”，欲差二大人赍海澄公印敕，“以一府地方安插，又系刘清泰保认”,“先差李德等来探可否，回报后，方令诏使赍来”。郑成功决定借此议和筹办粮饷,“清朝亦欲给我乎？将计就计，权借粮饷，以裕兵食也”，遂写回禀，令李德星夜赴京回报。

郑成功之“回禀”，除了讲述“大义灭亲”,“从治命不从乱命”，批驳先前博洛贝勒诱骗郑芝龙至京软禁，偷袭厦门大肆淫掠，以及郑军攻漳州、泉州屡败清兵外，还着重讲了清朝必须有求和诚意，论述议和对清之有利，清所说之优遇条件并不优厚，他还提出了割让三省的议和条件。他在回禀中写道：

> 夫沿海地方，我所固有者也，东西洋饷，我所自生自殖者也，进战退守，绰绰余裕，其（岂）肯以坐享者反而受制于人乎？且以闽粤论之，利害明甚，何清朝莫有识者？盖闽粤海边也，离京师数千余里，道途阻远，人马疲敝，兼之水土不谙，死亡殆尽，兵寡必难守，兵多则势必召集，召集则粮食必至于难支，兵食不支，则地方必不可守，虚耗钱粮而争必不可守之土，此有害而无利者也。刘清泰果能承当，实以三省地方相界，则山海无窃发之虞，清朝无南顾之忧，彼诚厚幸。

顺治十一年正月初四日，顺治帝连降二敕给予郑成功。第一道敕说，除封海澄公外，加封靖海将军，拔住泉州、漳州、惠州、潮州四府，并给以四府兵饷。第二道是对郑成功回禀中提出的一些问题予以解释，劝其归顺。

顺治帝招降郑成功的条件，从清朝来说，是十分优厚的，这突出表现在三个问题上。第一，赐爵最多，爵位最高。在此之前，除早年来降封授孔有德、耿仲明、尚可喜为王，沈志祥为续顺公及吴三桂为平西王以外，降将成百上千，其中不少系明之公侯伯爵，但降清以后，皆大降其爵，或封男，或封子，甚至只给以轻车都尉等世职，没有一个封公侯伯爵的，就连郑成功之父郑芝龙，本系统兵一二十万的南明唐王钦封的平国公，投降后仅封三等子，后晋一等子。现在，招降之时，便封成功为海澄公，芝龙由二等子超晋为同安侯，鸿逵封奉化伯，一门三显爵，举朝仅有。

第二，封地最多。在此之前，不管是明朝官将还是南明弘光、隆武、绍武、永历政权之臣子，或者是大顺大西军将领及各地义军首领，降清后皆须进京朝觐，分隶汉军旗，原来所辖兵士交与朝廷，分属绿旗各营，或遣散返乡为民，即交出了兵权和地盘，就连定南、平南、靖南、平西四王，也系由朝廷指派一些地区驻扎其部，没有像这次招郑成功来降时，即赐以漳、泉、惠、潮四府，令其屯驻。而且，所赐之地相当多。漳州府、泉州府属福建省，漳州府辖有七县一厅，广二百七十里，袤二百九十里，泉州府辖有五县，广二百七十里，袤二百里。惠、潮二府隶广东省，惠州府领有九县一州，广四百五十里，袤四百里，潮州府辖九县一厅，广二百五十里，袤三百里。福建与广东省共辖九府，惠、潮、泉、漳四府之地，已将近半个省，不为不广。统军数万、赫赫有名的平南王尚可喜、靖南王耿继茂，此时仍系同镇一省，比朝廷许与郑成功之地，大不了多少。

第三，职权很大。敕书授与郑成功率部驻扎四府，其将士当然仍旧听命于成功，清又授与成功剿防海上诸寇和管理洋船之权，这就是说，郑成功拥有四府兵权及四府领海之权。至于“地方官评民事、词讼钱粮等项”，仍由督抚管理，与平南、靖南二王封藩广东之例一样。一位尚未归顺的南明臣将，一下子就被清帝授与等同于平南王、靖南王坐镇一地的大权，实系特例。

换了其他的南明官将，恐怕多会接受这样十分优厚的条件，而归顺于清，甘为少年天子之臣了，可是，顺治帝与议政王大臣们没有料到，这样优厚的招降和握有其父、兄等人质的特殊条件，竟会遭到郑成功的拒绝。郑成功就是郑成功，不是其他的南明臣子。在清廷认为是特别优厚的条件，给得太多，而成功却认为是太少了，太不像样，不屑一顾。郑成功所要的不是一府二府三四府，也不是他提出的三省（即浙江、福建、广东），而是整个中国，是大明朝的万里江山，是逐清复明。

郑成功之所以同意谈判，商议和事，并不是真正要停战议和，要归顺清朝，而是出于应付其父的请求和乘机措饷的策略。既然郑芝龙写来家书，劝子降顺，以保父、兄等人生命，秉性孝悌之成功，不能断然撕书，置之不理，需要以忠、以义规劝其父，晓以大节，尽子之孝，同时也可“将计就计，权借粮饷，以裕衣食”。就在他于顺治十年八月得到芝龙劝降家书及写了“回禀”之后，他立即“以和议故，分遣各勋镇就漳泉派征乐助兵饷”。闰八月，郑成功遣督饷都督黄恺追晋南地方饷二十万两，九月遣前提督黄廷就云霄地方征米五万石，十月，遣中权镇黄兴、前冲镇万礼等进入龙岩，征饷银二十万两，十一月，遣前锋镇赫文兴等往惠安、仙游等地，征饷三十万两。

清使几次劝降和威胁，郑成功坚决拒绝剃发，并提出：“兵马繁多，非数省不足安插。和则高丽、朝鲜有例在焉。”最后谈判破裂，清廷再次进剿。

顺治招抚郑成功之事虽未办成，但他是尽到了最大努力的。他给予郑成功很好的劝降条件和格外优遇，特赐空前未有之崇爵和四府封地，还有成功之父、母（郑芝龙之嫡妻颜氏）、弟、叔等人质，有了这些条件，一般来说，是有可能劝其归降的，达到目的的可能性很大。他认识到抚比剿更为有利，征剿的困难太大，正如郑成功致其父之“回禀”中讲道，闽粤海边也，距京师数千里，道途阻远，人马疲敝，水土不谙，伤亡众多，粮饷难备，守卫不易，而且要考虑到集中兵力对付大敌——大西军，所以他决心求抚。应当说，他的这一决策是不错的，可惜，他遇到的对手乃罕见之奇人，遇到了英俊聪睿、智勇双全、无所畏惧、誓死逐清复明的延平郡王郑成功。这位被人们尊称为“国姓爷”的大帅，确是“威武不能屈、富贵不能淫”的大丈夫，他不畏清军人多势众、兵强马壮，他不贪荣华富贵，他不惜忍痛大义灭亲以全忠节，他当然不能被清帝诱劝投降。因此，顺治帝招抚延平王的一切活动，均告失败，于是，双方之间便展开了大规模的战斗。

三　大战银山　延平郡王兵围南京

顺治十六年（1659年）六月底，正当皇上和王公大臣还在为年初三路征滇大军会师昆明，大获全胜，特颁平定滇黔川桂湖五省恩诏，而喜庆未已之时，突然收到了镇江、瓜州失陷，郑军百万围江宁，“东南大震”的急报，顿时朝野震惊，人心惶惶。

顺治帝福临谅必会为此而迷惑不解。四年以前他授世子济度为定远大将军，统率八旗军绿营兵征剿郑成功，曾收复潭州等地，宁海大将军伊尔德亦收复舟山，皆于顺治十四年班师，为何此时郑成功能突兴大军，围攻江宁？原因固然很多，但其中最重要的一个原因是，顺治帝及议政王大臣们对郑成功之为人，认识不够深刻，不了解其毕生奋斗的目标是恢复大明王朝万里江山，逐清复明，因而未予以足够的重视和防御。

就在清廷宣布定远大将军世子济度和宁海大将军伊尔德获胜凯旋之际，南明延平郡王、招讨大将军郑成功却在抓紧扩兵训练，准备北伐。他分所部为七十二镇，设六官理事，“假明永历号便宜封拜”。他募集士卒十七万，以五万习水战，以五万习骑射，五万习步击，万人往来策应。他还专门训练了一支万人铁军。顺治十五年二月，他调各提督、统镇回思明（即厦门）选练征剿时，对诸将说:“先年（顺治十三年十二月）护国岭杀败阿格商（清之骁将），所拾衣甲，全身披挂是铁，所以敢下马打死仗者，恃有此耳……今我亦欲用此披挂，剿杀丑虏，诸将以为何如?”戎政王秀奇说:“披挂全身穿带不下三十斤，虏有马驼戴，穿带犹易。”“今我兵欲以一人穿戴三十斤步行，雄壮者不难，矮小者未见其便。”郑成功说：“须拣选雄壮强健者当之。”甘辉说:“岳家军多自负带，我朝戚南塘令兵卒两脚股负沙操练，岂畏重耶?要在操练得法耳。”时有勇士王大雄在，遂令其披挂。王大雄“手执战具，步伐整齐，如赴敌状，动履如飞”。成功大喜说:“似此可纵横天下矣”，遂传令连夜赶制披挂铁面，选精兵万人，“绘朱碧彪文，峙阵前，专斫马足，矢铳不能入”。郑成功亲自挑选，凡能举大石五百斤（一曰三百斤）者，方能选为亲兵，“配以云南斩马刀、弓箭，戴铁盔，穿铁臂、铁裙，用锁锁定，使不得脱，时谓之铁人”。顺治十五年五月十三日，郑成功统领大军，驾舟北征，六月十一日、十三日连降平阳、瑞安二县，围攻温州，未下，转乘船北上，八月初九日大军至羊山，次日骤遇飓风，辟巨舰数十艘，士卒淹没数千，成功之次子、三子、五子淹死，乃督师回舟山，随后驻扎温州、台州一带。

顺治十六年四月，郑成功再次统率大军北征。五月初四日，他对全军官兵重申禁止扰民之谕，强调说："本藩亲统大师，不惮数千里长驱远涉，进入长江，克期恢复，上报国恩，下救苍生。此行我师一举一动，四方瞻仰，天下见闻，关系匪细。各提督统镇十余年栉沐辛勤，功名事业，亦在此一举，当从恢复起见，同心一德，共襄大事。……其岸上地方百姓，严令秋毫无犯。已有颁刻禁条，炳若日心，总以收拾民心，上为国家大计。须体此意，谆谆严饬所辖：登岸之时，不准动人一草一木，有犯连罪。"

六月十四日，舟至焦山（山在镇江东九里大江中），集诸将议进攻之事。郑成功谕诸将说："瓜镇，京都之门户，峙立两岸，必有重兵镇守，又有谭家洲炮台与瓜州梆堤炮台对击，又有滚江龙把截，未易轻敌。须分一支由水攻取谭家洲，夺其大炮，另拨陈大胜善没水者，斩断滚江龙，又以大师捣其瓜州，使虏左右支吾，闻风破胆，瓜镇不日克下矣。尔等各依行令机宜而行。"随即具体分拨各将进攻地点。十五日，进扎瓜州北岸，传令进师，命右提督、前锋镇等各水师营进取谭家洲大炮，令材官张亮督泅水荡船，刻限斩断滚江龙。滚江龙乃系清军在金山、焦山之间铺设的大铁索，横于江中，阻止郑军船只通过。成功又令兵部侍郎张煌言督兵，待铁索斩断，即进据瓜州上游，焚夺满洲木浮营。此浮营用大杉木板钉围，内容兵五百名，大炮四十门，火药火罐不计其数，上流来船，遇之立碎，十分厉害。

出发之前，成功又与诸将誓师："此番孤军侵入重地，当于死中求生。胜此一阵，直克其城，则破竹之势成，功名富贵近之矣。进生退死，本藩当身先陷阵，以为尔率，尔等其勉之。"

十六日，郑军猛攻，克瓜州，擒获清操江巡抚朱衣助，夺取了谭家洲大炮和溃洲木城三座。二十三日与清军大战于银山，清军兵分五路，奋勇来攻，郑成功亲督亲军右武卫、左武卫还战，双方鸟铳、行营炮、弓箭齐放，"声震天地"。郑军"奋勇死战，无不以一当百"，大败清军，追杀十余里。镇江副将高谦、知府戴可进等见势不支，赴银山军前献城投降。郑成功随遣张煌言安抚浦口，袁兵部起震安抚滁州、六合等处，都督李必安抚仪真县。七月初七日，大军抵达南京城下，开始了围攻南京之战。

四 方寸大乱 帝欲亲征

南明延平郡王郑成功大军围攻江宁（即南京）之情，被紧急呈报朝廷后，清廷大震。顺治帝福临对此突来之特坏急讯，万分震惊，据说他竟往见母后，要丢弃北京，返回盛京，迁移都城，遭到孝庄太后的拒绝和训斥。此说虽系传闻，但下述一事却是千真万确，即福临惊怒交加，于南苑召集王公大臣议事，宣布要御驾亲征。

为什么顺治帝对郑军之围南京，竟会作出这样奇特甚至是丧失理智的疯狂反应？就客观条件说，此事不难理解，即在大多数人看来，江宁必失，东南半壁江山难保。这主要表现在三个方面。第一，敌众我寡，郑军在兵士数量上占居优势。郑成功“联营八十三”，每营以三百名计算，当有二三十万兵士。史载其十五年五月统兵出征时，有士十七万，号称八十万，经过瓜州、镇江激战获胜，清军来降者不少，而江宁守兵却远远少于郑军。

江南驻有八旗军。顺治二年设江宁驻防将军一员、副都统二员，辖左翼四旗满洲蒙古兵两千名，弓匠、铁匠各五十六名。十一年又设京口驻防总管一员，管辖八旗军，数目不多，主要是汉军旗士兵。但是，顺治十三年福建新设驻防八旗，调走京口汉军兵八百名，十五年起远征云贵，江宁、京口驻防，八旗兵又被调走不少。

江南省绿营兵较多，江南总督驻扎江宁府，统辖本标官兵及分防各营兵，兼节制抚标三、提标一、镇标五。督标有中营、左营、右营，辖兵二千余名。江宁城守协副将一员，驻扎江宁府，辖左右营兵一千一百八十余名，另有驻扎江宁城附近之仪真、溧阳、江阴、江都县之水陆兵约三千名。瓜州、镇江原有水陆兵三千三百余名，已经大部覆没。江宁原来还驻有江南汉兵提督管效忠之兵四千名，十三年调驻京口，大半于镇江败亡。另外，苏州府驻有江宁巡抚的标兵及城守营兵一千余名，松江府驻有苏松提督马进宝之标兵及城守营兵四五千名，崇明驻有水师兵一万名，还有漕运总督之标兵，操江巡抚之标兵及其他州府之兵，江南全省（江苏、安徽）绿旗兵有五六万名。现在郑军围攻江宁，江宁城中之满洲蒙古八旗军原来只有两千名，部分被调往云贵，绿旗兵约有数千名，要对抗十余倍于己的郑军，的确是以寡敌众，众寡悬殊，正如清人所说“时江宁重兵移征云贵，大半西上，城大守备空虚”。这样的情形下，江宁怎能固守？

第二，士气低落，将弁观望，誓死效忠者少。郑军大举北征，声势逼人，一些降清汉将见势不妙，多怀二心，或一战即逃，最典型影响最大者当数苏松提督马逢知。马逢知原名马进宝，明季任安庆副将都督同知，顺治二年至九江降于英王阿济格，奉命招抚了安徽巡抚张亮等文武官及兵士万余人，加总兵衔，隶汉军正蓝旗。三年从征浙江，克金华，留守，后授金华总兵，管辖金、衢、严、处四府。十三年迁苏松常镇提督，改名马逢知。郑成功督军进攻瓜州、镇江时，即与马逢知秘密联系，“约日起兵，攻打都城”，故马未来赴援，统领本部士卒数千，“拥兵观望”，“阴通于寇”，听任郑军包围南京。镇江守城副将高谦降，太平府守将刘世贤诣郑成功军前迎降，献府中兵马、钱粮、军器册籍，六合、合山、来安等县守将率兵逃走。芜湖县有清兵数百名，郑军四名将士与守兵二百相持于浦江港岸上，适逢另外四名郑兵路过，前往帮助，“虏遂惊走”，“八人乘势赶去南门，本县并防守虏兵由北门逃遁”，“时童谣有云：是虎乎否？八员铁将惊走满城守虏”。清军将士如此怯懦，怎是郑军敌手！

第三，民心不稳，缙绅欲降。郑军连打胜仗，直逼南都，汉民振奋，故明遗臣乘机四处联络，密诣郑军商议献降，连江宁城内及北京部分汉官，亦生反侧，遣人寄书约降。郑军截获了不少清朝上下来往文书塘报。其中一份是江宁提督管效忠发往北京的，内称：管效忠自镇江败回南京后，“日将防城器具料理，并差往苏、松等处讨援兵，并带急报燕都奏请救援，称海师二十余万，战船千余艘，俱全身是铁，箭射不透，刀斩不入。瓜镇二战，败回者魂魄尤惊，策战者鞠缩不前。现攻下镇江、太平、宁国等府，浦口、六合、丹涂、繁昌、勾容、浦江等县，滁、和等州，松江提督马进宝阴约归(附)。现在攻围南都，危如累卵，乞发大兵南下救援扑灭，免致燎原焰天”。郑成功看到这份塘报后大喜，说:“似此南都必降矣!”

北京一些降清汉官分析局势时，认为江宁必失，清廷不稳，有的还将家书附入文书袋内，传话令南方子侄降郑。郑军截获的清朝上下往来文书中，有的传报中有“燕都不通文报近一月矣，南都未知明清”之句。“又有家书附搭云：南都音信久绝，传闻铁兵难敌，有迁都远避之议，大事可知。可令子与弟先投国姓，以为我后来进见地。云云。”成功之户部主事杨英记述当时情形:“时王子、王孙、公、侯、驸马、伯，驰书禀乞给牌札起义者比比。”前明故臣徐渭之子徐楷报称:“杭虏俱吊入南京，城中空虚，乞付札以便据城迎降。又云：杭虏与家人永诀赴京，云战甚利害，有机会必投顺。”清漕运总督亢得时，率兵往援江宁时，在高邮途中,“自溺死”。

魏源在《圣武记》卷八总述当时形势:“七月，（郑成功）直薄金陵，谒孝陵。而煌言别领所部由芜湖进取徽、宁诸路。时江宁重兵移征云贵，大半西上，城大守备空虚。松江提督马进宝不赴援，阴通于寇，拥兵观望。成功移檄远近，太平、宁国、池州、徽州、广德、无为、和州等四府三州二十四县望风纳款，继扬、常、苏旦夕待变。东南大震，军报阻绝。”

江宁若失，全省难保，浙江亦将落入郑军之手，清政府赖以立国的财赋支柱、经济支柱便将断折，东南半壁江山改旗易帜，后果之严重，无论如何估计都不过分。正是由于此战极为重要，生性急躁、易于冲动的少年天子福临，竟不顾母后和王公大臣劝阻，下诏亲征。这一决定万分荒谬，且将带来极其严重的恶劣影响。江宁距京师二千四百余里，即使帝率八旗劲旅昼夜兼程，也得十余天，恐怕那时郑成功早已高踞总督公署，安抚黎民了。战乃危事，胜负难卜，万一清军长途跋涉，劳累疲惫，陷入养精蓄锐的郑军伏中，皇上有个闪失，噩讯传开，清军难免大败。即或互有胜负，相持不下，部分降清汉将汉官本已惊恐犹豫，更有可能三心二意，暗约降期，伺机内应，直隶京师发生变乱，更将立即威胁到清朝统治。不管怎样说，在当时清朝统治尚未十分巩固的形势下，御驾亲征之诏，是非常冒险的决定，后果之严重，恐将大大超过江宁之失守。因此，上至太后，下至满洲王公和文武群臣，都反对这一决定，害怕这一决定，极力谏阻。

当时的一位传教士把南京被围及帝欲亲征情形作了详细的叙述，很能反映事实真相，现摘录如下：

> （郑成功）于1659年督率一盖满扬子江面之巨大舰队和一大批军队，沿江声势浩荡地直向南京侵来，沿江各城市俱已被他所占据，而于是年中竟把南京围困了起来。……当时在南京城内所驻扎之六千人马中，仅只有五百名满洲战士，而

他们对于汉人军队，又是怀着猜疑态度的。一批派赴南京的援军，竟被郑成功之军队悉行歼灭。南京形势岌岌可危，陷落似已是早晚间事了。当这个噩耗传至北京，胆怯的人们已经为首都底安全惊惧了起来。皇帝完全失去了他镇静的态度，而颇欲作逃回满洲之思想。可是皇太后向他加以叱责，她说，他怎样可以把他的祖先们以他们的勇敢所得来的江山，竟这么卑怯地放弃了呢。他一听皇太后底这话，这时反而竟发起了狂暴的急怒了。他拔出他的宝剑，并且宣言为他决不变更的意志，要亲自去出征，或胜或死。为坚固他的这言词，他竟用剑把一座皇帝御座劈成碎块。照这样他要对待一切人们的，只要他们对于他这御驾亲征的计划说出一个不字来时。皇太后枉然地尝试着，用言词来平复皇帝底暴躁。她扯身退去，而另遣派皇帝以前的奶母，到皇帝前劝诫皇帝，因为奶母是被满人敬之如自己生身母亲一般的。这位勇敢的奶母很和蔼地向他进劝，可是这更增加了他的怒气，他恐吓著也要把她劈成碎块的，因此她就吃了一惊地跑开了。各城门旁已经贴出了官方的布告：晓谕人民，皇上要亲自出征。登时令城内便起了极大的激动与恐慌，不仅仅在老百姓方面，因为他们不得不随同出征，就是在体面的人们，也是一样的在激动恐慌。因为皇上在疆场上一旦遇到不幸，这可是因他的性格的暴烈，极有可能的，那么满人底统治，就又要受危险了。……各亲王和各贵显，各部臣和许多朝中的官吏，列为一长队到汤若望底住馆舍，迫切地请求他援助（汤若望冒险劝谏皇帝免掉亲征,“不要使国家到了破坏地步”,皇帝同意而下诏停止亲征)。

皇上亲征作罢,清王朝避免了一次大的灾难。顺治帝镇静下来以后,便和议政大臣们紧急商议对策。

五　骄傲轻敌　国姓爷败踞台湾

郑成功早在六月十六日即已攻克瓜州,二十三日又大败清军,夺取了镇江。镇江在江宁之东,距江宁只有一百二三十里,水陆皆可通行,不过一日途程,郑成功若乘胜前进,至迟二十五日大军可抵达江宁城下,二十六日能全面围攻。此时,清军刚在瓜州、镇江两次惨败,民心不稳,士气低落,汉官三心二意,满兵数量太少,郑军若发起猛攻,区区城中六千人马怎能抵挡十余万郑军?

然而,郑成功却计不出此,反而因胜而骄,示威扬名,轻信敌言,行动迟缓。六月二十三日取镇江,二十四日不动,二十五日他以“瓜镇都会之处”,而大阅士卒,“排列行武壮观”,调遣各军分道行走和扎营,显示雄威,“时观者传闻,谓之天兵”。二十六、二十七日除小股部队进到江宁城下外,没有大的行动。二十八日他才召集诸将“议取南都”,询问是以舟行还是陆上前进。中提督甘辉建议说:“兵贵神速,乘此大胜,狡虏亡魂丧胆,无暇预备,由陆长驱,昼夜信道,兼程而进,逼取南都。倘敢迎战,破竹之势,一鼓而收，不则围攻其城，以绝援兵，先破其郡，则孤城不攻自下。若由水而进，则此时风信不顺，时日犹迟，彼必号集援虏，撄城固守，相对□战，我亦多一番工夫矣。”郑成功初亦信从其言，然诸将以为，“我师远来，不习水土，兵多负病，（当）此炎暑酷热，难责兼程之牣也”，遂不由陆进，而改为舟行。

此议本已欠妥，而成功又忙于喜听各县归附佳音，并未出发，直到七月初四日才督师进取南都，初七日驾至江宁城外之观音门，召集诸将商议任用水师统领主事。初九日，传令官兵船只进泊仪凤门下，初十日令兵士由仪凤门登岸，下营于狮子山一带，一直到十五日，未曾攻城。

为什么郑成功行动如此迟缓又迟迟不攻？原因很简单，他因胜而骄，轻信中计。清江南总督郎廷佐见郑军势大，守兵太少太弱，难以抵挡，遂派人诈降，“佯使人通款，以缓其攻”。“成功信之，按兵仪凤门外”，“狃屡胜”，“谒明太祖陵，会将吏置酒”。大帅、将领如此，士卒当然仿效，营伍不整，“樵苏四出，军士浮后湖而嬉”。

清江南总督郎廷佐、江苏巡抚蒋国杜等官紧急调兵，到七月十五日以前，到达江宁的各路援兵已达七八千名，超过城中原有六千官兵一倍多。清军于七月十三日猛烈进攻。郑成功骄傲轻敌，错误任用进攻及堵御仪凤门的将领余新，又没有规定好八十三处兵营与指挥部联络信号，以致清军猛攻时，主帅与各营联络中断，分别陷入孤立作战困境，致被清军各个击破，导致郑军惨败，大将甘辉等阵亡，将士死伤不计其数。郑成功只好忍痛撤退，弃瓜州、镇江出海，九月初回到厦门，太平、宁国等府州县又全部归属清朝管辖。

顺治十七年五月，帝诏安南将军达素、福建总督李率泰率军分出漳州、同安，合攻厦门，双方鏖战多时，郑军之将领闽安侯周瑞、陈尧策等阵亡，郑成功见势不妙,“手自搴旗督阵”，率领将士拼死厮杀，时“风驱涛涌”，清军“不习海战，晕眩不能军”，遂大败，达素、李率泰乃匆匆撤退。

郑成功虽然得胜，但亦知清兵势强，防御严密，不易进取，乃谋规取台湾，于顺治十八年四月统军渡海猛攻台湾，大败荷兰兵，夺据台湾岛大部分地区，至十二月，荷兰守军投降后返回其国，全岛悉为郑有。郑成功积极经营台湾，以为后计，大陆只保留厦门、金门。

顺治帝福临对郑成功之由剿改抚继而又转为征剿，前后历时十年，终于达到了巩固闽粤两浙海防的目的。到顺治十七年底，大陆的绝大部分州县皆隶于清帝辖束之下，全国统一，为不久的“康乾盛世”奠定了坚实的基础。

第 八 章
“代代为王”　“九白年贡”

一 特颁专敕 嘉慰漠南王公

顺治十三年八月初一日，世祖福临采取了一项有清一代罕有的行动。他派遣使臣赍敕，分别到科尔沁等部，慰问漠南蒙古各部亲王、郡王、贝勒、贝子、公、台吉，赏赐缎疋等物。共二十二个国和部落，五十六位亲王、郡王、贝勒、贝子、公、额驸、台吉。

顺治帝福临赐与他们的敕谕中说:“尔等秉资忠直，当太祖、太宗开创之时，即诚心效顺，结为姻缘，请为屏藩。太祖、太宗嘉尔等勋劳，崇以爵号，赍赉有加，恩至渥焉，朝觐往来，时令陛见，教诲饮食，异数有加，凡有怀欲吐，俱得奏陈，情意和谐，如同父子。”

“今故特遣官赍敕，赐尔等缎匹，以谕朕意。嗣后有欲奏闻之事，即行奏请，朕无不体恤而行。朕方欲致天下于太平，尔等心怀忠直，毋忘太祖、太宗历年恩宠，我国家世世为天子，尔等亦世世为王，享富贵于无穷，垂芳名于不朽，岂不休乎!”

这道敕谕十分重要。它是入关以后清政府正式颁行的对待漠南蒙古的基本政策文件。这道敕谕是依据太祖、太宗手定的满蒙联盟基本国策而写的，并把这一国策明确地用“我国家世世为天子，尔等亦世世为王”这两句话表述出来，宣谕各部。此后清朝各帝即以此作为满蒙关系的基本政策，漠南蒙古各部王公亦以此为本部行动的主要指针。这对于清朝政府和漠南各部王公都是大有裨益的。

世为天子，代代为王，包含了丰富内容，确定了双方之间的关系及其各自应承担的义务和享受的权利。它规定了双方之间是君臣隶属关系。漠南蒙古各部王公，虽是本部之主，但本部并非独立之邦，而是大清国的一部分，本王是大皇帝之藩属，当时官方名称叫“外藩蒙古”或“藩部”。这是双方关系的基本点，也是清帝对蒙古王公的主要要求，是蒙古王公必尽的首要责任。

世为天子，代代为王所反映出来的双方之间的君臣隶属基本关系，包含着清帝对蒙古王公的四项要求。第一，忠于朝廷，不叛不乱。蒙古各部是大清的藩部，蒙古王公是大皇帝属臣，效忠于帝，约束本部人员，不叛不乱，因而蒙古各部便成为清朝的屏藩，而不是清之敌国，与前明增建长城以图扼制蒙古的入边杀掠，形成了鲜明的对比，这对捍卫大清国的安全，发挥了重大作用。几十年后福临的爱子清圣祖玄烨便曾就此颇为得意地说:“本朝不设边防，以蒙古部落为之屏藩耳。”第二，披甲从征，南北转战。遇逢重大征战，清帝以及昔日之大金国汗，皆下敕征调蒙古各部王公率领本部人员随同厮杀。顺治元年四月摄政王多尔衮统军逐鹿中原时，科尔沁、扎赖特、杜尔伯特、郭尔罗斯、喀喇沁、土默特、敖汉、奈曼、巴林、扎鲁特、阿禄科尔沁、翁牛特等部王公率兵数千从征，为清帝入主中原建立了重大功勋，顺治三年又随从清军征剿喀尔喀，再立大功。第三，进贡马驼，互市马匹。蒙古马名扬天下，征战必需，蒙古各部王公必须按期朝贺，贡献马驼，并在大征之时，奉旨售马，供应军需。这对保证清军战马来源和增强军力，都起到了不可忽视的作用。第四，听从裁处，遵守帝谕，蒙古各部王公之间发生争执，须听大皇帝裁处，朝廷为各部制定的法令，如禁止互相偷盗，不许隐匿丁口等等，各部王公皆须遵守，不得违抗。王公死后，爵位之袭承须经清帝批准。当然，蒙古各部王公也并非只尽义务，无偿效劳，他们也享有广泛权利，从大皇帝那里得到不少好处。在政治上，各王公可以世代传袭，不怕势强横暴之他部王公来兵袭扰和侵占，以致家破人亡，部落被吞，因为这是抗谕之罪，大皇帝会出面裁处，直到遣兵讨伐，驱逐来侵者。他们也不必为属下谋叛而过分担忧，因为图谋不轨者，必遭大皇帝谴责和惩处。清帝对维护各部王公之世袭权，世为本部之主，提供了强有力的保证。在经济上，蒙古王公岁有俸禄，数量不小。清帝赐蒙古各部亲王年俸银二千两、世子一千五百两、郡王一千二百两、贝勒八百两、贝子五百两、镇国公三百两、辅国公二百两。王公来朝之时，或有大庆节日，又另行赏赐大量银帛衣布。灾荒之时，还可得到大皇帝的赈济、互市马匹等物，又可得到大批必需物品和白银成千上万两。至于文化交流，汉民入蒙经商垦地，皆对蒙古各部的发展起了很大作用。

因此，世为天子，代代为王，的确有利于清帝与蒙古王公双方，有利于满蒙汉人民。蒙古各部王公可以为清“屏藩”，他们自己亦能“享富贵于无穷”。这是一项有利于双方的好政策。

二 北方屏障 蒙王为帝效劳

顺治帝所说“世为天子，代代为王”之基本政策，并非一纸具文，而是确实在贯彻执行。驻牧于张家口外距京师九百六十里的苏尼特部，额驸多罗郡王腾机思，于顺治三年（1646 年）六月率弟腾机特等叛逃，欲投奔喀尔喀车臣汗硕雷，遭清军追击，大败，后于顺治五年悔罪求降，摄政王多尔衮宥其罪。腾机思已死，腾机特来京朝贡，摄政王谕令赐宴，并令其袭封兄长腾机思的郡王爵位。驻牧河套距京师一千一百里的鄂尔多斯部之台吉大扎木苏及多尔济，于顺治元年五月劫杀清使图鲁锡，叛逃，同部之台吉额林臣等不叛，"举国来降"，摄政王封额林臣为多罗郡王，单达为贝勒，伊廪臣、色冷、沙克查为固山贝子，小扎木苏为镇国公，同时又遣使前往招抚大扎木苏、多尔济。顺治七年十一月，大扎木苏率部归降，诏宥其罪。这次顺治帝遣使赍敕慰谕漠南各部蒙古王公时，苏尼特部之腾机特郡王及鄂尔多斯部之镇国公大扎木苏，皆与他部王公一样被慰谕。

相反，对于叛逃之后拒不归降者，顺治帝沿袭祖、父之以武力为后盾，以抚为主，辅之以剿，于顺治八年九月命固山额真噶达浑率兵往征鄂尔多斯部台吉多尔济，顺治九年初在贺兰山将多尔济斩杀，尽歼其兵，俘获甚众。

自太祖以来，蒙古科尔沁部王贝勒即备受清帝尊重和倚赖，原因很简单，他们很早来归，率部从征，与帝联姻婚娶，是清之皇亲国戚。该部首领之一莽古斯，其女系太宗之孝端文皇后，孙女乃太宗之孝庄文皇后，系世祖福临之亲生母亲，曾孙女又是世祖之孝惠章皇后。莽古思及其侄奥巴之子侄满朱习礼亲王、巴达礼亲王、巴雅斯护朗亲王、弼尔塔哈尔亲王、奇塔特郡王，皆分娶太宗之皇女及抚从兄之女。因此，科尔沁部的土谢图亲王巴达礼、达尔汉亲王满朱习礼、卓礼克图亲王吴克善（孝庄文皇后之兄）年俸皆为二千五百两，比其他各部亲王多四分之一，扎萨克图郡王布达齐年俸一千五百两，也比其他部郡王多四分之一。

但是，顺治帝福临亦仿父皇之法，对科尔沁部王贝勒有奖有罚，赏罚分明，决不姑息。顺治十六年初，他为笃念国亲，继顺治十二年召见亲王、公主后，再次降旨，往召外藩蒙古王等所尚五公主及额驸，并科尔沁国卓礼克图亲王吴克善、达尔汉巴图鲁郡王满朱习礼来京，吴克善以公主有病有误来朝回奏，满朱习礼“以公主病泄，自身冒风，两孙病殂，诸子复感寒疾”，奏请免朝。理藩院上疏劾奏二王之过说：蒙皇上谊笃亲亲，特令公主额驸来朝，今亲王吴克善，郡王满朱习礼奉诏不即至，反推托事故陈奏，殊属不合，仍应催令来京，严加议处。帝即降旨：“卓礼克图王、巴图鲁王不闻命即至，借端推诿，甚属不合，尔衙门会同议政王贝勒大臣议奏。”

议政王贝勒大臣正议之时，达尔汉巴图鲁郡王满朱习礼“星夜引罪来朝”。帝于四月初二日下谕：“公主、王当此无事之际，以善言相慰，笃亲之故，特召之来，朕之恩待其厚。矧达尔汉巴图鲁郡王系皇太后亲兄，又曾行间效力，著有劳绩，故欲晋封为亲王，今乃以公主病泄孙死为辞，不遵诏旨，藐视朕恭，有干国纪，朝与不朝，任从己便，岂朕轸恤款待有未至乎！已付诸王大臣议处。今达尔汉巴图鲁郡王既自引罪，星夜来朝，著从宽免议，其晋封亲王，亦著停止。”

可能是满朱习礼再次认罪，或托人疏通求情，帝也念其身为国舅，一向奉命唯谨，从征厮杀，军功卓著，故仅仅过了一个多月，即于五月初九日谕告理藩院，将其晋封和硕亲王说：“科尔沁多罗达尔汉巴图鲁郡王满朱习礼，自皇考太宗文皇帝时，统兵征剿，懋建洪功，又征讨喀尔喀部落，著有显绩，且系圣母皇太后亲兄，故特加宠纶，封为和硕达尔汉巴图鲁亲王。尔衙门即遵谕行。”

同月十二日，议政王、贝勒、大臣会同上三旗大臣遵旨议拟科尔沁国卓礼克图亲王吴克善之罪，议毕奏称：应夺其亲王爵，降为贝勒，罚马千匹。对于这位圣母皇太后之亲兄、帝之亲大舅爷，福临降旨减轻其罚：吴克善理应依议削去亲王，但念系太祖、太宗时所封之爵，朕心不忍降夺，仍留亲王爵，罚马千匹。过了三十多天，六月十八日，他又下诏免去吴克善所罚之马千匹。

他又于顺治十六年十二月二十四日，封下嫁蒙古王之五位固伦公主为长公主。这五位公主是察哈尔额附阿布鼎亲王所娶之太宗皇二女永宁长公主，科尔沁部额尔德尼郡王之母太宗皇三女延庆长公主，科尔沁部额驸弼尔塔噶尔（吴克善亲王之子，后袭亲王爵）之妻太宗皇四女兴平长公主，巴林额驸塞布腾郡王之妻太宗皇五女和顺长公主，科尔沁部额驸巴雅思护朗（土谢图亲王巴达礼之子，后袭父之亲王爵）之妻太宗皇八女昌乐长公主。

顺治帝福临继承和发展了皇祖、皇父手定之满蒙联盟国策，正式提出“世为天子，代代为王”，加强了与漠南蒙古各部王公尤其是科尔沁部、巴林部等部的紧密关系，对促进全国统一事业，保障北方、东北地区安宁，都起了很大作用，并为二十年以后爱子清圣祖玄烨顺利平定三藩之乱、三征噶尔丹等，创造了历史条件。《清史稿》就此评论说:“科尔沁以列朝外戚，荷国恩独厚，列内扎萨克十四部首。有大征伐，必以兵从，如亲征噶尔丹，及剿策妄阿喇布坦、罗卜藏丹津、噶尔丹策凌、达瓦齐诸役，扎萨克等效力戎行，莫不懋著勤劳。”后来清圣祖玄烨把“世为天子，代代为王”这一基本政策，又扩大到漠北喀尔喀蒙古，对维护西北地区和平与促进这一地区的发展，起了很大的作用。

三 七月交兵 战后多次议和

漠北蒙古在明末清初，指的是喀尔喀之土谢图汗、车臣汗、扎萨克图汗三部，一般称为喀尔喀三部。三部之汗、王、公，是元太祖十六孙格呼森札赉尔的后裔。格呼森札赉尔有部众万余，分授七子为七旗，分喀尔喀左、右翼，游牧于杭爱山和图牧河一带，地区宽广,“东西五千里，南北三千里，东界黑龙江，西界厄鲁特，北界鄂罗斯，南尽瀚海”。土谢图汗与车臣汗部属左翼，牧图拉河界，扎萨克图汗部为右翼，牧杭爱山。土谢图汗部又称喀尔喀后路，至京师二千八百余里，东界肯特山，西界翁吉河，南界瀚海，北界楚库河。车臣汗部称喀尔喀东路，至京师三千五百里，东界额尔德尼陀罗海，西界察罕齐老图，南界塔尔衮、柴达木，北界温都尔罕。扎萨克图汗部称喀尔喀西路，至京师四千余里，东界翁锦、西尔哈勒殊特，西界喀喇乌苏、额呼克诺尔，南界阿尔察喀喇托辉，北界推河。

清太宗崇德元年，以平定漠南蒙古察哈尔部，遣使宣捷于喀尔喀三部，第二年三部之汗派人来贡，且请断绝明市。太宗甚喜，赐与貂服、朝珠、弓刀、金币。崇德三年，喀尔喀三部之汗贡异兽、名马、甲胄、貂皮、雕翎、俄罗斯火枪、阿尔玛斯之斧、玄狐、白鼠裘，以示谢意。太宗命三汗岁献白驼一头、白马八匹，称为“九白之贡”。此后双方互相遣使往返，直到顺治三年交战，和好始破裂。

顺治三年初，车臣汗硕雷煽惑漠南蒙古苏尼特部腾机思郡王偕弟腾机特率部叛逃，投奔漠北，清豫亲王多铎领军追剿，土谢图汗衮布遣子喇瑚里等以二万兵，车臣汗硕雷遣子本巴等以三万兵往援腾机思，于七月被清军大败，而回归本地。衮布之族人二楚虎尔复掠漠南巴林部人畜。巴尔布冰图又来侵漠南土默特部，劫马两千匹。

顺治三年九月十六日，摄政王多尔衮遣土谢图汗所属之额尔德尼托尹的贡马使臣回归，谕告使臣说：“尔等速往，各语尔主，草青以前，可将腾机思、腾机特擒之以献，如此，则遣使来朝，否则，使来，定行羁留。”

顺治四年四月初五日，扎萨克图汗素巴第闻清帝下诏斥责硕雷、衮布二汗，欲代为和解。偕同族俄尔布额尔德尼遣使赍书相劝，但扎萨克图汗素巴第之辞甚傲。书中谈道：“汉人八十万众，原系我攻城敌也，今闻尔已收服，念总属我红缨蒙古所得，甚为喜悦，故去年我曾遣使朝贺。苏尼特向从此处逃去，今又复来归，尔等追逐至此，与伊思丹津拖音、达赖济农合战，我等欲前来分理曲直，未至之此，尔又班师。向来红缨人与我原无仇隙，止因额尔克楚虎尔私掠巴林，欲遣使，前来分理曲直，适冰图、阿穆喇古喇库两人至，伊等所言，我已悉知。如以我言为然，可遣使前来，计议妥便，如以为不然，亦惟尔知之而已。”

俄木布额尔德尼进贡方物，并致书相劝，辞较平和。书中谈道:“丙戌年之事，闻诸王前来，我等右翼欢忭前往，商议事成，原欲将逃人公议执送，因我左翼两经战败，不能议和。今遣使通好，此地一切事宜，我固可尽力承任也。”

喀尔喀左翼嘛哈撒马谛塞臣汗等亦于四月初五日遣使来贡，进表请和。摄政王多尔衮以帝之名义降谕：前苏尼特部落腾机思举国来归，朕即以女妻之，又封之为王，优礼恩养。及彼背德叛逃，因命和硕德豫亲王率轻骑追剿，此朕讨叛之师，与尔等何涉，尔等乃遣兵迎犯，故天降谴于尔也。朕于此时，典赐优容，即命班师，若果素念尔恶，岂不能乘尔自遭天谴之时，以见在之兵，即加征耶！今尔等如欲安居乐业，能擒腾机思等，则席卷其国来献，不能，即当用兵剿灭腾机思，收服其国，则我师亦不烦再遣。倘又不能，可遣尔亲信大臣来贡，朕令偏师前往，任彼遁逃何所，亦无难剿灭之也。朕所以必令尔以亲信大臣为质者，盖以大兴师众，即扰尔国，量遣一旅，又恐尔心叵测之故耳。尔果克遵朕旨，当及未雨雪之时，速遣使来，倘尚怀携贰，则不必遣使。

五月初五日，摄政王降谕训诫喀尔喀扎萨克图汗:“尔来书云，汉人八十万众，原系我攻城敌也，今乃为红缨蒙古所得。我朝原系红缨满洲，所称蒙古为谁？尔来书不名，又尔我相称，意欲与我敌体乎？尔书云：苏尼特向从此地逃去，又复来归，尔等追逐至此，与伊思罕丹津拖音、达赖济农合战，我等欲前来分理曲直，尔师竟回。额尔克楚虎尔私掠巴林，亦欲前来分理曲直。夫巴林、苏尼特二罪，素知与尔无干，尔果能议，今即与尔定议，尔当自审果能否乎？如果能，当尽执若辈来献。若徒哆口骄言妄行何益！诚欲通好，尔当守礼法，悉改前愆，及此未雨雪之前，遣使前来，如不遵旨，可毋遣使。”

同一天，又谕伊思丹津喇嘛：前德豫亲王率偏师追征苏尼特腾机思，“尔出师逆敌，致天降谴。我朝与尔素无嫌隙，而二楚虎尔掠我巴林，今尔如欲安生乐业，可将二楚虎尔所掠巴林人畜等物，散失者照数赔补，见存者尽行送还，以驼百头马千匹前来谢罪。倘能遵旨，及未雨雪之前，即遣使全送，如不遵旨，可毋遣使”。

顺治五年，苏尼特部腾机特率部来归，诏宥其过，命其袭已故之兄腾机思郡王爵。五年八月初三日，喀尔喀部土谢图汗、硕雷汗等“谢侵夺巴林部落罪”，贡马千匹、驼百头。此后，时遣使入贡。

顺治七年三月十一日，以土谢图汗等欲讲和，摄政王以帝名义降谕，谕告扎萨克图汗、土谢图汗、伊思丹津喇嘛大小贝子，提出和好的条件说：若欲复申盟好，“可具书来奏，当报以敕谕。其二楚虎尔所掠巴林牲畜，可即赔偿，以赎俄木布额尔德尼、巴尔布冰图兴兵之罪，及巴尔布冰图驰入土默特杀人之罪，并赔补掠去人畜。自今以后，如欲罢兵修好，彼处为首汗、贝勒、贝子誓诸天地，朕仍与之通好，否则遣使无益也”。

喀尔喀部汗、贝勒、贝子等收到敕谕后，于顺治七年十月二十五日遣使奏称：“今遣四贝勒为首及诸大臣前往，坚盟和好。前命照例敕奏，此谕诚是，臣等特具疏奏请，优乞睿裁。”

七年十一月十三日，摄政王多尔衮率王贝勒大臣猎于边外。二十二日遣侍卫桑阿尔寨等，赍敕往谕喀尔喀部扎萨克图汗、土谢图汗、伊思丹津喇嘛、俄木布额尔德尼大小贝子，除讲述双方以往交战等情况外，又再次提出议和的条件：归还掠取巴林的牲畜；部落之长及贝勒、贝子誓告天地，永通和好；修好诸贝子宜照定例，每年各按旗进贡一次，每旗下贝子合进驼一头马八匹，遣大臣朝见，清照例赏赐。几天以后，多尔衮于十二月初九日去世，与喀尔喀部议和修好之事，只有由少年天子福临来完成了。

四 年年朝贡 三汗拥戴大君

少年天子福临虽然极端痛恨“皇父摄政王”多尔衮，将其追罪削爵，籍没焚尸，但是对于他的一些好的政策和高超的策略，仍然继承了下来，并加以创造性的发展，对喀尔喀部的议和修贡，即是他成功的一例。他的基本策略方针是以武力为后盾，议和为上，坚持原则，据理力争，决不委曲求全，但又不苛求于人。

世祖福临亲政后，喀尔喀三部汗、贝勒、贝子多次遣使入朝进贡方物，他都予以赏赐款待。以顺治八年三月为例，十九日，喀尔喀部落吴把什台吉贡马匹等物，赐银鞍辔布等物。二十三日，宴扎萨克图汗、土谢图汗贡使于礼部。二十六日，顺治帝御太和殿，硕雷汗之子噶尔马撒望台吉、储护尔台吉朝见。二十九日，赏扎萨克图汗、土谢图汗贡使银茶筒、缎匹等物。

土谢图汗等所遣贡使及其随从人员，人数相当多。顺治八年八月初七日，宴土谢图汗贡使八百八十四人于礼部，二十七日，又宴土谢图汗贡使三百零九人于礼部。贡使人数之多，原因不难了解，那就是喀尔喀三部汗、贝勒、贝子、台吉希望通过朝贡，进行互市贸易，卖出马牛羊驼，购进茶盐缎布等生活必需用品。因此，他们迫切要求恢复昔日的正常和好关系，不断遣使来京议和。

顺治帝当然也希望双方和好，保持北方地区安宁，但又决心使双方的关系建立在比太宗崇德年间和顺治三年以前更为牢固更为有利的基础上，建立起“大皇帝”与喀尔喀三部汗贝勒贝子之间的君臣关系，哪怕这种关系的程度，不如漠南内属蒙古那样牢靠，但总要比过去紧密一些。因此，多次下谕，训诫对方欠礼之处，提出议和修贡条件。

顺治八年九月十四日，他因土谢图汗等交纳的赎罪牲畜数少，而谕告土谢图汗、车臣汗、伊斯丹津喇嘛及大小贝勒：尔等岁贡牲畜七十二头，已经收纳。至巴林人畜，因不能赔偿，止以马百匹、驼十头赎罪，“是尔等无归附之意，故而如此”。今若归我巴林人口，遣为首诸贝勒入觐，其牲畜自当宽免。如遵朕命，则为首四旗岁贡，自当收纳，其诸小贝子各自贡献，俱行停止。倘不归我巴林人口，不遣为首诸贝勒入觑，则尔等使臣可勿遣，岁贡可勿献。兹将尔等赎罪马百匹、驼十头发还。

顺治九年五月十四日，他因扎萨克图汗等未按谕敕所提条件议和，且犯掠边境，降谕训斥扎萨克图汗、俄木布额尔德尼及大小贝子：前因尔等表请通好，毫无定议，曾两经降谕。“朕意本欲和好，故令尔等归还所掠人畜，贡献所罚驼马，并为首诸贝勒、贝子、头目来朝赎罪。乃尔既不来朝，又不归还人畜，献驼马以赎罪”,“且尔一面通市，一面犯边”。现朕开诚谕尔,“今若速还我人畜，献所罚驼马，遣为首贝勒、贝子、大臣来朝则已，不然致有后悔，自贻伊戚，我何与焉。可速定议，毋得迟疑，以坠尔基业”。

顺治九年十一月十六日，他又因土谢图汗、车臣汗等倨傲不恭，颁谕训斥土谢图汗、车臣汗、伊思丹津喇嘛等人:“尔等为四九牲畜来奏，辄言从前赏例太薄，我等再不来贡。又言逃人，有在贝子大臣讲和以前去者，有在后去者，逃人往来私行，何以称和，等语。又朕曾遣使至尔处，迟至两月余，乃先令拜塔，而后见尔等。种种谬误，朕故不复遣使。朕为天下主，尔乃弹丸小国之长，以方物来贡，朕酌量赏赉，即云微薄，亦宜奏请增益，乃辄言赏例如前，则九畜不贡，尔等将欲构衅乎？且尔既不归我巴林人畜，为首贝子又复不至，尚何可言？若尽还巴林人畜，为首贝子前来，视同一国，誓言修好，始可候旨定夺。”否则，败和好，将后悔矣。

顺治帝的这几道敕谕，讲得很好，理直气壮，俨然是大皇帝对边外小邦酋长的开导、训诫和警告。清与喀尔喀三部之争，曲在三部，他们根本不该遣兵五万攻打人数少于彼方的清军，清军是追征苏尼特部，未侵犯喀尔喀三部地区，未袭掠启衅，却突遭喀兵拦袭，若非清军勇猛厮杀，则将全军覆没，战死之后，也是冤鬼，不知喀兵为何来攻，自己为何要被喀兵斩杀。此外，喀兵又偷袭巴林、土默特，杀人掠畜，扰掠清之藩部，作为天下共主，作为漠南蒙古落部之君的清朝大皇帝，当然应该为属部做主，为属部讨还公道，惩治来犯之人。不将这些道理讲清楚，喀尔喀三部不承认所犯错误，不归还所掠人畜，双方就不能议和通贡。因此，双方多次使臣往返商议，喀部都是理屈词穷，而顺治三年清军大败喀兵的雄威，也增强了清政府在争论中的优势，使三部汗贝勒有所畏惧，不敢一意孤行。顺治帝正是基于对喀部形势的正确了解，相信自己的无敌军威和事业之正直，才据理相争，坚持原则，力求和好，但不委曲求全。

喀尔喀三部汗贝勒在前后五六年的多次议和争执中，逐渐认识到不能威胁、欺骗清政府接受己方的无理要求，想打又打不过，拖久了，又影响双方经济交流，马驼羊难以卖出，茶布银帛到不了手，所以，他们决定按照大皇帝提出的条件，议定和好。不料风波又起，土谢图汗衮布之旗不塔尔台吉率本部人投奔清朝，顺治帝大喜，特封其为扎萨克亲王，命驻牧张家口外塔噜浑河。于是土谢图汗衮布，车臣汗硕雷等便于顺治十年六月十三日进表，诡称巴林人畜尽被不塔尔携去，应找不塔尔索取，并要求将不塔尔遣返喀部。

顺治帝甚怒，于六月二十六日降谕，敕谕土谢图汗、车臣汗、丹津喇嘛，予以严厉斥责：尔等抗违前旨，不遣为首贝子来朝，又不进本年常贡牲畜，不尽偿巴林人口，“尔等负罪实多，反以归顺朝廷之贝子擅来奏取，昧理甚矣！今纵尽偿巴林人口，遣贝子来朝，其已经投来贝子臣，朕亦不即遣还。惟将巴林人口尽数归我，且遣贝子来朝，应自此以后，再有逃来之人，俟彼时酌量施行。否则，岂但已投来之贝子，不即遣还，凡贝子大臣来归者，即尽收养，且宠以富贵矣”。

过了一月余，顺治十年七月二十八日，世祖福临又命安郡王岳乐为宣威大将军，统领官兵，戍守归化城，赐予敕谕：“今闻喀尔喀部落相约，举兵内向，亟宜预防，兹命尔为宣威大将军，屯驻归化城。”“倘喀尔喀兵至，因利乘便，攻其不备，倘敌兵势众，速行驰奏，以便益兵。”

同年九月十一日，理藩院奏称：土谢图汗属下索诺额尔德尼遣使进岁贡驼马，至张家口外，请旨定夺。谕命遣使往视，若巴林人口已经全还，为首贝子来朝，则令来使进口，否则驱逐其使。随即查明，来使未送还巴林人口，为首贝子未来朝，即将喀尔喀左翼四旗使者逐回，拒其进贡。顺治十一年三月二十日，帝又敕谕喀部丹津贝勒，详述土谢图汗、车臣汗违旨不还人口等过失，故绝来贡使，今后如不再遵前旨，亦不许贡使入口。

顺治十二年，土谢图汗衮布去世，其子察珲多尔济继汗位，执掌喀尔喀左翼。车臣汗硕雷卒，其子巴布继位。扎萨克图汗索巴第亦先已病故，其子诺尔布继位，称毕席勒尔图汗。喀尔喀三部汗、贝勒见清帝态度坚决，又命帅统兵防备，知道难以智胜勇取，故决心议和修贡，上表谢罪。扎萨克图部毕席勒尔图汗、俄木布额尔德尼及子胡土克图等于顺治十二年正月，遵从帝谕，“以从前抢掠巴林部落，上表引罪，并求和好，进献驼马”。土谢图汗察珲多尔济、丹津喇嘛、墨尔根那颜亦谨遵帝敕，遣子弟额尔德尼诺穆齐、伊世希布额尔德尼、额尔克戴青三位大台吉，车臣汗巴布遣子门章墨尔根楚虎尔，于十二年四月初七日，“以侵掠巴林，遵旨服罪来朝，并进岁贡马驼”。

顺治帝福临见喀部已遵依己谕，遣为首贝子来朝谢罪，便不再坚持归还人畜，审时度势，立即决定与喀尔喀部议和修贡，但对三部又有所区别，先与土谢图汗部、车臣汗部定议和好。他于五月初五日遣祁他特车尔见等使臣，赍敕往谕土谢图汗、车臣汗、丹津喇嘛、墨尔根那颜，允其和好，嘉其遵旨说：昔因尔等抗违谕旨，故数次不纳来使。“今尔等诚心引罪”，遣额尔德尼诺穆齐、门章墨尔根楚虎尔、伊世希布额尔德尼、额尔克戴青四台吉岁贡来朝，“朕不咎既往，将应还巴林缺少人畜悉从宽免。兹特遣大臣前来，尔等可以修好之故，面坚盟誓，每岁照常额进贡，交通贸易，朕亦不靳赏赍，既盟之后，尔逃人至此，亦不收纳，仍行送还。若不修好坚盟，即进贡，朕亦不纳，逃人至此，仍命收纳，且加恩养，尔其识之”。

同年八月，喀尔喀左翼土谢图汗、丹津喇嘛、车臣汗、墨尔根诺颜等，遵依帝敕，“以和好约誓”。十一月二十一日，土谢图汗、丹津喇嘛、车臣汗、墨尔根诺颜各遣使遵例进贡。清帝定例：喀尔喀三部左右翼分为八扎萨克，命土谢图汗、车臣汗、丹津喇嘛、墨尔根诺颜、毕席勒尔图汗、鲁卜藏诺颜、车臣济农、坤都伦陀音各领一扎萨克，“每岁进贡白驼各一、白马各九，谓之九白年贡”。清帝赏每扎萨克银茶筒各一个，重三十两，银盆各一个，缎各三十疋，青布各七十疋，以此回答。现遂按此例赏赍贡使，并赐宴。十二月二十六日，以俄齐赖土谢图汗、那门额真车臣汗、岱青台吉等“遣使请好”，顺治帝命安郡王岳乐同其使臣于宗人府“酹酒约誓”。

对于喀部右翼扎萨克图汗，顺治帝则因其未遣为首贝勒“认罪来朝”，且妄言他事，遂于顺治十二年五月十九日敕谕毕席勒尔图汗、俄木布额尔德尼及大小诸贝勒，详述前后争执经过及先前逐回来使车臣卓礼克图的原因，重申定和条件，即“送还巴尔布冰图所掠人口，为首贝勒台吉认罪来朝”。这样，便可考虑另行裁度巴尔布冰图妄杀之罪，“和事可成，往来通和”，“赏赍不绝”。如仍违旨，则虽遣使，亦无甚裨益。清与扎萨克图汗部蒙古汗贝勒之间正式定和的时间，就这样往后略微拖延了。

扎萨克图、毕席勒尔图汗、诺尔布等汗、贝勒经过多次商议，决定继续遣使入贡。顺治十四年诺尔布复偕同族车臣济农、昆都伦陀音奉表乞和认罪，帝遂下诏宥其前过，双方关系完全正常化了。

顺治十五年七月二十三日，世祖福临遣官赍敕，谕嘉喀部车臣汗、土谢图汗、丹津喇嘛、墨尔根诺颜等，赐与衣帽器币等物。其敕说：“朕观尔等审知天命，凡一诏下，靡不敬从，令四台吉诣阙谢罪，朕悉从宽宥，遣大臣前往，尔于使臣前不违诏旨，诚心誓好，遂每年贡献方物，遣使来朝。朕甚嘉悦，罔有异视，德意有加，锡尔殊恩，特遣大臣，赐之敕谕。自兹以往，其益加恪顺，以效忠贞，上报隆施，膺兹宠眷，以慰朕柔远至意，果中诚罔懈，以获天眷，以承国恩，奕世永享太平之福矣。”

顺治十六年四月二十四日，扎萨克图部毕席勒尔图汗、罗布臧诺颜、车臣济农、昆都伦陀音等，“以盟誓修好，遣使进岁贡”，帝派梅勒章京多克新等赍敕奖谕，厚加恩赐。

第二年，清政府对喀尔喀三部岁贡之例又作了一些修改，规定土谢图汗、车臣汗、毕席勒尔图汗等每年各贡白马八匹、白驼一头。其管旗汗、贝勒及台吉、为首大臣、喇嘛等，许其来京进贡，至于小台吉、喇嘛等,“记名贡马贸易，永行停止”，仍不许潜入边境。若欲置买茶帛等物，俱令在归化城交易。

由于顺治帝调度有方、安排妥当，喀部汗贝勒诚意求和通好，双方的努力终于生效，敌对行动停止了，僵持、争吵局面结束了，代之而起的是使臣往返，贡市频繁，友好和睦，关系密切，对双方的安宁和经济文化交流都起了很大作用，也为二十多年以后清圣祖玄烨三征噶尔丹，援救濒于灭亡，举部南逃的喀尔喀三部，双方建立起比较正规的隶属关系，喀部汗贝勒与漠南蒙古各部王公一样皆系“天皇帝”之“藩部”和“藩臣”，奠定了一定的基础。

第九章　五世达赖入朝　封授尊号

一　再三邀请　五世达赖入京

达赖，乃达赖喇嘛的简称。达赖二字，是蒙文译音，其意为“海”，喇嘛乃藏文译音，其意为“上师”。达赖和班禅系西藏佛教之黄教派（因此派僧人戴黄色僧帽而得名）始祖宗喀巴的两大弟子，世以呼毕勒罕转生（呼毕勒罕即华言“化身”），明中叶以后，成为藏区的宗教领袖。

第一世达赖名叫根敦朱巴（1391~1474年），二世达赖系根敦嘉措（1475~1542年）。三世达赖是索南嘉措（1543~1588年），他与蒙古土默特部的俺答汗关系极为密切，使蒙古各部摒弃了历来信仰的萨满教，改信佛教的黄教。索南嘉措赠与俺答汗尊号“咱克喇瓦尔第彻辰汗”，其意为转轮王聪睿汗王，俺答汗赠索南嘉措尊号为“圣识一切瓦齐尔达喇达赖喇嘛”，其意为在佛教中达到最高成就的超凡入圣的海上师。索南嘉措和明帝建立了朝贡关系。在此之前明永乐帝朱棣曾分封西藏八大番僧为大宝法王、大乘法王等八王，现此八王声势皆不及三世达赖。四世达赖是云丹嘉措，乃俺答汗之曾孙，生于1589年，死于1616年。

与清朝发生关系的是五世达赖阿旺罗桑嘉措（1617~1682年）。五世达赖因西藏政治首领藏巴汗丹迥旺波迫害黄教，秘密遣使求助于漠西厄鲁特蒙古和硕特部顾实汗图鲁拜琥。顾实汗于明崇祯十四年（清崇德元年，1641年）末率兵进藏，第二年擒杀藏巴汗，征服了西藏各部落，在此之前，他又降服了甘青藏区和川康藏区，遂成为全部藏族地区的大汗。他派诸子驻牧青海，征康区赋税以养青海部众，以前藏、后藏赋税供养达赖，将后藏部分地区划归四世班禅罗桑却结坚赞管辖。顾实汗于拉萨建立政权机构，管辖全部西藏，任命该机构的高级官员，其中最重要的、具体主持政务的第巴，亦由他任命达赖的第巴索南饶丹充任。至此，达赖正式成为全部藏区的宗教领袖，顾实汗为行政领袖，乃统辖全藏的汗王。

顾实汗和五世达赖、四世班禅商定，遣使前往朝见清太宗皇太极，于崇德七年到达盛京，贡方物，献舟书，尊称太宗为“曼殊师利大皇帝”，受到太宗隆重接待。第二年太宗派人回报于达赖，称其为“金刚大士达赖喇嘛”，双方开始通使和好。

顺治元年顾实汗奏请清帝延请达赖至京，“令其讽诵经咒，以资福佑”，清遣使往迎。顺治四年二月十五日，达赖、班禅、巴哈胡土克图、鲁克巴胡土克图、伊尔扎尔萨布胡土克图、萨思夏喇嘛、额尔济东胡土克图、伊思达格隆胡土克图、诺门汗各上书请安，献方物，清廷遂遣喇嘛席喇布格隆等赍书存问，各赐金玉器皿、缎疋雕鞍等物，并敦请达赖前来，达赖覆书，预定于顺治九年前来。

顺治八年三月初八日，帝又遣官赍敕、礼物往召达赖。九年正月初一日，达赖表奏来朝起行日期。班禅胡土克图、第巴、顾实汗等亦以劝导达赖来朝，奉表奏闻，并贡方物。二月初五日，帝遣理藩院侍郎沙济达喇同户、礼、兵、工四部理事官往迎达赖，赐达赖袍、帽、鞍、马、珍珠、数珠等物。以第巴诺门汗劝导达赖来朝，并赐袍、帽、鞍、马、玲珑佩刀等物。

顺治九年三月，五世达赖由进藏迎请的清朝官员陪同从西藏出发，随行的蒙古、藏人多达三千名，顾实汗、四世班禅、第巴索南饶丹等人送到藏北达木（今当雄）。达赖进入青海境内，顺治帝派遣官员沿途欢迎，并由国库发给口粮，不久又赐达赖乘坐金顶黄轿。帝本欲亲至边外代噶（即代海之滨，今称凉代海，在呼和浩特市东南百里左右，今称岱海）亲迎达赖，遭大学士洪承畴、陈之遴谏阻，乃于十月十二日改遣和硕承泽亲王硕塞代迎。

顺治九年十二月十五日，达赖在北京南苑谒帝，帝命赐坐赐宴，达赖进贡马匹方物，帝立命户部拨发给达赖布施银九万两，并安排达赖住于特为其建造的黄寺。此后，顺治帝又一再设宴款待达赖。诸王亦依次设宴招待达赖。

顾实汗奏请达赖回朝，达赖亦奏称水土不宜，有病，请告归，帝遂于十年二月十八日以遣达赖归，御太和殿，赐达赖宴，并赐黄金五百五十两、白银一万一千两、大缎一千疋，以及鞍马、珠玉等其他珍贵物品多件。二十日达赖辞归，帝命和硕承泽亲王硕塞偕固山贝子顾尔玛洪、吴达海，率八旗官兵，送至代噶，又命皇叔和硕郑亲王济尔哈朗、礼部尚书觉罗郎球饯于清河。

二　金印册封　藏满蒙汉皆利

顺治十年四月二十二日，帝遣礼部尚书觉罗郎球、理藩院侍郎席达礼等，赍送册封达赖、顾实汗的金册金印，前往代噶册封。

册封达赖的金册金印用满文、汉文及图白武文（即藏文）三种文字书写。册文全文如下：

> 朕闻兼善独善，开宗之义不同，世出世间，设教之途亦异，然而明心见性，淑世觉民，其归一也。兹尔罗布臧扎卜素达赖喇嘛，襟怀贞朗，德量渊私，定慧偕修，色空俱泯，以能宣扬释教，诲导愚蒙，因而化被西方，名驰东土。我皇考太宗文皇帝闻而欣尚，特遣使迎聘，尔早识天心，许以辰年来见。朕荷皇天眷命，抚有天下，果如该期应聘而至，仪范可亲，语默有度，臻般若圆通之境，扩慈悲摄受之门，诚觉路梯航，禅林山斗，朕甚嘉焉。兹以金册印，封尔为西天大善自在佛所领天下释教普通瓦亦喇怛喇达赖喇嘛，应劫观身，兴隆佛化，随机说法，利济群生，不亦休哉！

金印之文为："西天大善自在佛所领天下释教普通瓦赤喇怛喇达赖喇嘛之印。"

顺治帝赐与五世达赖的封号，是沿袭、参仿元明对西藏番僧的封号及俺答汗赠达赖的尊号，加以修改而成的。元世祖尊西藏佛教中萨伽教派领袖萨班衮噶坚赞的侄子高僧八思巴为"帝师"及"大宝法王"，赐号"皇天之下一人之上宣文辅治大圣至德普觉真智佐国如意大宝法王西天佛子大元帝师"。八思巴曾领元朝中央政府之宣政院，管理全国佛教及藏族地区军政事务。明成祖封藏地高僧哈力麻为"万行具足十方最胜园觉妙智慧善普应佐国演教如来大宝法王西天大善自在佛领天下释教"。

撇开那些园觉妙智等优美之词，元世祖封给八思巴的尊号，实际上包括两方面内容，一系大元帝师，管理包括汉人佛教和尚在内的全国佛教事务，是全国佛教的领袖；一系大宝法王，有管辖西藏地区行政事务的权力。明成祖封赐哈力麻的尊号，也包括“太宝法王”和“领天下释教”这两方面的内容，哈力麻既是管辖藏地事务之法王，又是天下佛教之领袖。但与元朝有区别的是，明帝在西藏地区不止封了大宝法王这一个法王，还封了昆泽思巴等七位番僧为大乘法王、大慈法王、阐化王、赞善王、护教王、阐教王、辅教王，皆与大宝法王一样赐与印诰，这七位法王或系大国师，或系灌顶国师，既是本人辖束地区之王，也是本地区佛教领袖。大乘法王也和大宝法王一样，有“领天下释教”之权。实际上，不管是大宝法王，还是大乘法王，都没有管辖中原汉族广大地区佛教弟子的权力，他们只不过是拥有管辖西藏番僧之权而已，且分别只能管辖自己所辖的部分藏区番僧之权，比元朝八思巴帝师及其继承人的权力大为削弱。

顺治帝所封五世达赖的尊号，包括两个部分。第一部分是“西天大善自在佛所领天下释教”，与元制相比，达赖之权有所缩小，因为他不能像八思巴那样拥有管理全国佛教的权力，此处的“所领天下释教”，其藏文的意思乃系“在一个广大的范围内”，而与“天下”有区别，即不能管辖广大汉族地区的佛教弟子，并非全国佛教之领袖。但是，与明制相比，顺治帝授予五世达赖更大的宗教权力，使他的管理范围扩大了很多，他是整个藏族地区（西藏、甘青藏区、川康藏区）佛教的领袖，而不像明朝八大法王实际上只是本人所辖藏区的佛教领袖，而且他还是漠南、漠北、漠西蒙古的宗教领袖。可是，另一方面，他与明代八大法王分系本人辖束地区之法王，是行政事务的领袖又不一样。达赖没有管辖藏区行政事务之权，非藏王，而只是藏区的宗教领袖，政教是分离的，皇上将辖地政务之权授给了顾实汗。

顺治帝赐与五世达赖封号的第二个部分是“普通瓦赤喇怛喇达赖喇嘛”，是袭用百余年前俺答汗赠与三世达赖的尊号，只不过将“识一切”改为“普通”而已，即尊达赖为佛教中“达到最高成就的、超凡入圣的海上师”。

顺治帝册封顾实汗的金册金印，是用满蒙汉三种文字写的。册文全文如下：

> 帝王经纶大业，务安劝庶邦，使德教加于四海，庶邦君长能度时审势，归王诚向化，朝廷必加旌异，以示怀柔。尔厄鲁特部落顾实汗，尊德乐善，秉义行仁，惠泽克敷，被于一境，殚乃精诚，倾心恭顺，朕甚嘉焉，兹以金册印封为遵行文义敏慧顾实汗。尔尚益矢忠诚，广宣声教，作朕屏辅，辑乃封圻，如此，则带励山河，永膺嘉祉，钦哉。

金印的印文是：“遵行文义敏慧顾实汗印。”帝命将金册金印交与伴送达赖回藏的侍卫喇嘛、内大臣囊努克、修世岱等赍往西藏，赐与顾实汗。

顺治帝赐与顾实汗的册文中，最关键的一句话是：“尔尚益矢忠诚，广宣声教，作朕屏辅，辑乃封圻。”这句话表明顺治帝是将管辖藏区军政事务之权授予了顾实汗，正式承认顾实汗是藏区之汗，是藏区军政事务的领袖。

五世达赖的入朝和顾实汗的进贡，顺治帝对达赖的殊礼相待，对达赖和顾实汗的册封，这一切对清朝中央政府与西藏地区的关系，对西藏佛教和达赖喇嘛，对顾实汗，都产生了深刻影响，都起了很大的积极作用。第一，为西藏隶属清朝中央政府创造了良好条件。此时西藏虽然归顾实汗统辖，番僧藏民信仰达赖，但达赖和顾实汗的朝贡和清帝的册封，表明了二者之间已经是君臣关系，西藏已成为清之藩属，这对康熙中叶以后至乾隆年间，西藏直隶清朝中央政府，创造了十分有利的条件。

第二，对巩固顾实汗在藏区的统治起了强有力的促进作用。顾实汗图鲁拜琥英勇善战，足智多谋，故能连败敌军，消灭地方强大土司，擒杀藏巴汗，统一西藏及青海、甘肃、四川西康的藏族地区，但毕竟是兵少地广，敌酋林立，还需经过长期艰苦斗争，才能巩固统治。中原王朝之帝，一向是“天下共主”，能得到清帝的承认和支持，对稳定藏区将产生重大影响，何况藏地八大法王及若干国师与西天佛子，皆系明帝封授，现明亡清兴，若能为清所助，则法王、国师、西天佛了失去“天下共主”支持，便难以滋生事端，因而顾实汗竭力与清和好，多次进贡，清帝亦优礼相报，并册封图鲁拜琥为“遵行文义敏慧顾实汗”，即藏汗，承认了顾实汗对西藏的管辖权。这对顾实汗巩固自己的政治地位和权力，起了很大的作用，为他及其后人尊为藏汗数十年，奠定了坚实的基础。

第三，巩固和提高了达赖地位，扩大了黄教影响。在此之前，西藏佛教教派林立，藏巴汗丹迥旺波和进据青海的喀尔喀蒙古却图汗（世代信奉与黄教对立的噶玛噶举教派）联合，欲图消灭黄教，五世达赖被迫潜逃暂避。清崇德六年顾实汗率军入藏，打败敌军，达赖虽然转危为安，但基础并不牢固，现经清帝册封，被授予管辖西藏、甘青藏区和川康藏区佛教弟子的大权，从此成为唯一的最高宗教领袖，且将这种权限扩大于漠南漠北漠西蒙古地区，取得了明代八大法王难以想象的成就，可以说，此行获利极大。

第四，藏汉满和好，西南宁谧。朝贡定制，使节往返频繁，贸易兴旺，互通有无，各有裨益。顺治九年定下赏赉达赖喇嘛使臣之例：每头目二人，随从役卒二十八人，共赏二等玲珑鞍马一匹、银茶筒一个，银盆一个、缎三十匹、毛青梭布四百匹、豹皮五张，虎皮三张，海豹皮五张。不要说此次达赖来朝，随从三千人可获得大量赐物和进行大批贸易，就只是达赖之第巴索南饶丹，便在顺治元年至十三年间，三次遣人一千，以阐化王名义进贡，这三千人又该得获多少赐物，进行多大贸易！这一切，对促进藏区与中原地区的联系和经济文化交流，对西南地区的安宁，都产生了重大的影响。因此，顾实汗、五世达赖的朝贡和好及顺治帝采取的对待西藏、达赖、顾实汗的正确政策，于国于民，于藏于满于汉，都是大有裨益的。

第十章　罗刹入侵　清军反击

一　三次来“贡”　清俄初步联系

顺治十二年（1655年）五月二十二日，少年天子颁降了有清一代第一道给予俄国沙皇政府的圣谕。他谕告俄罗斯国察斡汗：“尔国远处西北，从未一达中华。今尔诚心向化，遣使进贡方物，朕甚嘉之，特颁恩赐，即俾尔使人赍回，昭朕柔远至意。尔其钦承，永效忠顺，以副恩宠。”

谕中所说俄罗斯国察斡汗，又写为察罕汗，即当时的沙皇。俄使乃沙皇政府向清政府派出的第一个使团成员之一布哈拉人之谢特库儿·阿布林。该使团的负责人为费尔多·依萨考维奇·巴伊可夫。巴伊可夫的任务是呈递国书于清帝，建立外交联系，进行贸易，收集情报。巴伊可夫派阿布林作为使团的先遣使节来华，自己略晚一些起程。

由于阿布林仅是先遣人员，故未带国书，按外交惯例，清政府本来是不需予以接待和赏赐的。但清政府考虑到远国第一次来贡，诚意可嘉，故给予赏赐。帝之圣谕显示了少年天子奋发有为，眼光远大，欲图盛显国威殊恩于远国的愿望，希望俄罗斯汗“每岁入贡”，故才破例赏赐来使，赏赐俄罗斯汗，且颁与圣谕，嘉慰备至，希其“永效忠顺”，年年入贡。

阿布林返回时，与巴伊可夫走的不是一条路，因而未曾相遇。顺治十三年二月，巴伊可夫带领使团到达北京，开始时受到清政府优厚的待遇，他们“可以自由地出入”清政府给他们安排的住处，“随意购买或出售东西”，但不久因其“行为不端，经常在北京逛妓院，惹是非，耍流氓”，而限制了他们的自由，“但仍允许他们常常上街”。

巴伊可夫拒绝了清政府要其先呈国书礼物再由皇上接见的要求，坚持要在清帝接见时才呈递国书礼物，并要清按最高的礼节来接待他这位俄国的“信使”（最低一级的外交使节）。清政府拒绝了这种无理的要求，以其“不谙朝礼，不宜令朝见”，而却其贡物，遣返其人。

沙皇政府的另一使团，于顺治十七年四月来到北京。使节是“信使”伊凡·佩尔菲利耶夫和谢特库儿·阿布林，他们携带了沙皇的国书、礼物和其他商品。伊凡·佩尔菲利耶夫向清政府递交了国书和礼物，但由于国书措词傲慢，清政府没有让使节见到皇上。《清世祖实录》对这次交涉，作了如下的记述：

> 先是鄂罗斯国察罕汗于顺治十二年遣使请安，贡方物，不具表文，因其始行贡礼，赍而遣之，并赐敕，命每岁入贡。后于十三年，又有使至，虽具表文，但行其国礼，立而捧表，不跪拜，于是部议来使不谙朝礼，不宜令朝见，却其贡物，遣之还。后阅岁，察罕汗复遣使赍表来贡，途经三载，至是始至，表内不遵正朔，称一千一百六十五年，又自称大汗，语多不逊。下诸王大臣议，佥谓宜逐其使，却其贡物。奏入，得旨：察罕汗虽恃为首长，表文矜夸不逊，然外邦从化，宜加涵容，以示怀柔。鄂罗斯远处西陲，未沾教化，乃能遣使奉表而来，亦见慕义之忱。来使著该部与宴，贡物察收，察罕汗及其使，

量加恩赏，但不必遣使报书。尔衙门可即以表文矜夸不逊，不令陛见之故，谕其使而遣之。

此次沙皇给清帝的国书，现已无从见悉，内容不详，但《实录》既称其表中“自称大汗，语多不逊”，想必口气极为傲慢，要求十分苛刻，欲从中国获取大量利益。几年前的一份文件，也许可以让我们对此有所了解。

十年以前，俄国雅库次克督军弗兰茨别科夫发给侵华队长哈巴罗夫一道训令和一封给中国顺治皇帝的信件。训令中说：“要博克多汗（指清帝）率领他的氏族、部落和全体的人，接受全俄沙皇阿列克塞·米哈伊洛维奇大公的统治，永远做奴隶。……博克多汗本人和他的同族应当向沙皇进贡金银宝石和刺绣织物。如果博克多汗率领他的氏族和全体的人服从全俄沙皇阿列克塞·米哈伊洛维奇大公的统治，沙皇将派军队来保护他们。”“如果博克多汗和他们的氏族、部落、全体的人不服从沙皇，不向沙皇交纳实物和交出人质，那么，叶罗菲（即哈巴罗夫）应当率领服役人员和渔猎人员去秘密地用战争镇压他们。……把他们统统杀死、绞死、毁灭掉，打到最后，把他们的妻子儿女抓起来做俘虏。”

七年以前（顺治十年），俄国雅库次克督军命契奇金等五人去北京，将他给顺治皇帝的信带去。这封信和三年前的训令基本相同。信中写道：

我们的国君是强盛的、伟大的、令人敬畏的。他是许多皇

> 帝和诸侯的统治者。……他以圣谕命令你沙姆沙汗率领你的全族和所有达斡尔酋长们接受国君的统治，终身为他的奴隶……如果你拒绝归顺沙皇的统治，不肯终身做奴隶，那末，国君就会因为你不顺从而命令用战争来惩治你，夺取你的城市，使其他的达斡尔酋长看到国君的神威、死刑和毁灭，不需要打仗就能前来归降。……为了不触怒大国君，你们要用你们国家出产的金、银、宝石、贵重的商品和柔软的皮货进贡。

由于契奇金等五人遭到报仇的达斡尔等族人民的袭击，被斩杀，未能送到北京。

佩尔菲利耶夫呈交的国书，固然不可能使用训令和信中那样充满侵略野心的露骨威胁的字句，因为，如果那样写，则必会激怒清朝大皇帝，而将佩尔菲利耶夫等人正法。但此国书也不会谦逊有礼，当然会引起自命天朝大皇帝及其军国大臣的不满，断然予以拒绝。而且，顺治八年以来沙俄远征殖民军侵入中国黑龙江流域，烧杀掳掠，引起双方几次交战，故清政府对俄国使节的"诚意"十分怀疑，高度警惕。早在几年前巴伊可夫来华时，清朝官员便对巴伊可夫说："你作为使节到这里来，可是哥萨克却在向我们作战。"尽管巴伊可夫诡辩说"这些人是匪徒，他们的行动没有得到沙皇的命令"，但这并不能打消清政府的怀疑。何况，就在佩尔菲利耶夫来华前后，清军正在猛攻沙俄远征殖民军，这当然会加深清政府对俄使的提防。

虽然顺治帝未能通过两国议和议贡来平息东北地区的骚乱，但是他调遣的将士却不负圣命，解决了外交不能解决的难题，将沙俄殖民军驱逐出去了。

二　两军激战　驱走侵华俄兵

从 17 世纪 30 年代起，俄国沙皇政府连续派遣殖民军，侵入中国黑龙江流域，大肆烧杀掳掠，抢占领地。

顺治七年，沙皇殖民军头目哈巴罗夫袭占了位于额木尔河流入黑龙江对岸的雅克萨地区，在雅克萨修建城堡，第二年又突袭黑龙江东岸系黑龙江与精奇里江汇流处的瑷珲旧城，大杀大抢，并从精奇里江口到松花江口，所过一百多个村屯，屠杀与劫掠土著居民。达斡尔、赫哲等族民众一面拼死反抗，或全族全屯逃走，一面到宁古塔（今黑龙江省宁安县）向驻守宁古塔的清朝官员报告，请求大皇帝保护他的臣民。

宁古塔章京海塞遣捕牲翼长希福等人，率领数百名士兵以及当地达斡尔、杜切尔等少数民族壮士，前往征剿，于顺治九年三月到达沙俄殖民军驻地乌扎拉村。这时，哈巴罗夫统领的二百多名殖民军士兵还在睡觉，清军若是进行突袭，必能胜利，可是希福等人却在很远的地方便鸣枪放炮，使敌军惊醒过来，从而有时间准备防守。战斗开始时，清军猛攻，炸开了敌堡缺口，冲进营地，将军旗插上堡墙，占了上风，眼看就可大败敌军，不料希福等指挥官却下了一道极其错误的命令：不准打死敌军，全部要捉活的。垂危的俄军倚靠这道命令得以起死回生，转败为胜，拼命反击，终于使清军大败而退。顺治帝于九年九月获悉此情，十分恼怒，降旨严惩有关人员，诛海塞，革去希福翼长之职，鞭一百，仍令留在宁古塔。

顺治帝福临谅必已预感到东北边境将生事端，必须派遣得力人员肩负防边重任，因而立即谕命沙尔虎达率兵驻防宁古塔。沙尔虎达乃三朝宿将，太祖、太宗时即多次征明攻朝，军功累累，任至前锋参领、议政大臣，授二等甲喇章京世职，入关以后又连立战功，晋至前锋统领、梅勒额真，世职一等男。他还率兵几次征抚瓦尔喀、虎尔哈、库尔喀，对统一黑龙江地区建树了功勋。顺治九年九月，帝命沙尔虎达防戍宁古塔。不久，帝因宁古塔原来只设总管统辖，官阶三品，隶于盛京昂邦章京，不足以担负防御沙俄殖民军入侵的重任，遂于十年五月五日设宁古塔昂邦章京一员、梅勒章京二员、满兵四百三十名，晋沙尔虎达为昂邦章京（固山额真）、宁古塔总管，使其成为统辖开原以北、外兴安岭以南，以及滨海和库页岛辽阔地域的边疆大吏，赋予防边安境的重任。顺治帝的这一任命和随后对沙尔虎达的支持，以及晋宁古塔章京和昂邦章京宁古塔总管，对驱逐沙俄殖民军起到了重大作用。

哈巴罗夫率残部回到西伯利亚，沙皇政府改派斯捷潘诺夫统领三百七十名哥萨克殖民军窜犯到松花江上骚扰，于顺治十一年夏与清军相遇。

在此之前，清遣使臣韩巨源到朝鲜，要求“朝鲜选鸟枪善手一百人，由会宁府听昂邦章京率领，往征罗禅，以三月初十日到宁古塔”。朝鲜国王孝宗遵令，遣北虞侯边岌领鸟枪手一百名前往。清兵三百名，赫哲族人三百名，朝鲜兵一百名，共七百名。沙尔虎达听从了边岌的建议，于黑龙江与后通江合流处，择占江边地势最高处结阵，围以柳栅，列置岸上，令朝鲜兵放炮。俄兵船大火器多，登岸进攻，清军猛烈还击，俄军战败，登船退出松花江，逃往黑龙江上游。

清世祖福临看到罗刹入侵之情愈益严重，遂于顺治十一年十二月二十一日下谕，命固山额真明安达理统率官兵，往征罗刹于黑龙江。十二年二月二十七日，明安达理统领满蒙汉兵士及当地达斡尔等族壮士，向俄军呼玛城堡进攻。呼玛城堡建立在呼玛河与黑龙江会流处的一个小岛上，颇为坚固，存粮亦多。清军包围了城堡，但俄军凭借城坚炮利，拼死防御，一时打不下来。僵持十二天以后，清军粮食将尽，明安达理只好于三月八日舍弃围城，领军撤退。

顺治十四年初，沙尔虎达领兵远道突袭，败俄军于黑龙江下游的尚坚乌黑（今佳木斯市附近山音村），二月被朝廷赐以蟒衣、貂帽、鞍马、腰刀、缎疋等物。

顺治帝下决心彻底打败敌军，驱走殖民者，为此做了大量准备工作。顺治十五年二月十九日，他遣使赍敕到朝鲜，命朝鲜国王运送粮食，遣兵从征，敕谕说：“今罗刹犯我边境，扰害生民，应行征剿，兹发满兵前往，需用善使鸟枪手二百名，王即照数简发，并将一切应用之物，全行备办，令得当官员统领，期于五月初间送至宁古塔。”清使李一先于三月敕至朝鲜，告诉国王：“大国将发兵伐罗禅，馈饷甚难。本国亦当助兵，请自本国资五月粮以送。”国王答称遵命。

沙尔虎达遵循帝旨，加紧征剿准备工作，建造了大船四十只，以加强水上作战能力。顺治十五年七月，斯捷播诺夫带领俄国殖民军五百名，乘船沿黑龙江抢掠，又闯入了松花江。沙尔虎达率清军分乘战船四十七只，在松花江与牡丹江的会合处（今黑龙江省依兰县城附近）严阵以待。双方激烈交战，俄军大败，二百七十余人被击毙或活捉，二百余人狼狈逃走，头目斯捷潘诺夫也尸横战场。沙尔虎达立即奏报："击败罗刹兵，获其人口甲仗等物。"帝命兵部察叙，以所俘获分赐有功将士。

第二年顺治十六年正月，沙尔虎达病故，帝命其子巴海袭父世职一等男及官职："宁古塔边地，沙尔虎达驻防久，得人心。巴海勤慎，堪代其父，授宁古塔总管。"

巴海不负帝望，加紧练兵备战。顺治十七年夏获悉沙俄殖民军复寇，偕梅勒章京尼哈里等领兵前往征剿，行至黑龙江、松花江交汇处，侦知敌军在费牙喀部落西界，立即前进，到使犬部地方分布兵船于两岸。俄兵乘船驶来，清军伏兵齐发，敌即回遁。清军追击，俄兵登岸败走，"斩首六十余级，淹死者甚多"。清军又俘获敌方妇女四十七名及火炮盔甲器械等物。巴海乘势"招抚费牙喀部落一十五村一百二十余户"。帝命有关部门察明叙议晋赏。至此，俄国殖民军除大部战死外，全部被逐出黑龙江中下游流域。顺治帝驱走劲敌保卫东北地区的斗争，取得了最终胜利。

与此同时，清与朝鲜、日本、安南等周围国家，也保持了良好的正常关系。

第十一章　书画双妙　儒释皆精

一　正大光明　牛行纸上

顺治帝福临既博古通今，熟谙经史子集，文学功力也深，又对书画很有造诣，能评能讲，能书善画。他曾和木陈忞讨论书法，并临场挥毫书写。《北游集》载:“上一日问师：先老和尚与雪峤大师书法孰优？师曰：先师学既到，天分不如。雪大师天资极高，学力稍欠。故雪师少结构，先师乏生动，互有短长也。先师常语忞曰：老僧半生务作，运个生硬手腕，东涂西抹，有甚好子，亏我胆大耳。上曰：此正先老和尚之所以善书也，挥毫时若不胆大，则心手不能相忘，到底欠于灵活。”木陈忞说:“第忞辈未获睹龙蛇势耳。”“上曰：老和尚处有大笔与纸么？乃命侍臣研墨，即席濡毫，擘案书一敬字。复起立连书数幅，持一示师曰：此幅何如？师曰：此幅最佳，乞赐道忞。上连道不堪。师就上手撤得曰：恭谢天恩。”

木陈忞于顺治十七年五月离京南返前，帝特书“敬佛”二大字相赐。同年冬，帝又赐木陈忞御书唐岑参《春梦诗》一幅，其诗为“洞房昨夜春风起，遥忆美人湘江水。枕上片时春梦中，行尽江南数千里”。木陈忞之弟子旅庵，奉帝旨留京主持前门善果寺。此御书即存于寺中。清初文豪王士禛称赞福临之书法说：西山新法海寺,“殿有巨碑，刻敬佛二字，笔势飞动，世祖御书也”。现在北京故宫内悬挂于乾清宫的“正大光明”匾额，就是顺治帝亲笔所写。

福临喜爱和奖励善书之人。陈康祺之《郎潜纪闻二笔》卷六“世祖识秦氏书法”条载称：顺治乙未（十二年）会试榜发，世祖章皇帝正留意文学，命取原卷进御，览之称善者数四。比廷试卷进呈，世祖阅至第三人卷，顾谓读卷官傅聊城以渐曰：卿知此卷为谁？傅公谢不知。世祖曰：此会元秦作也，朕于其书法知之。拆卷果然。世祖大悦，召见南海子，赐袍服，比第一人。他还对人极力称赞内侍张斐然与供奉虞世璎书法甚佳，“一学颜欧，一学钟王，皆妙得其家风”。

顺治帝对画画也很喜爱，成就很大。谈迁的《北游录》、《纪邮》下载：顺治十二年十二月初七日，“上传吴太史及庶吉士严子餐沆、行人张稚恭询各作画以进，太史方点染山水，明日共进。时朝廷好画，先是户部尚书戴明说、大理寺卿王先士，□□□□程正揆，各命以画进”。

帝好作画，并赏赐群臣。王世禛盛赞帝之画法高超。他在其《池北偶谈》第十二卷“世祖御笔”条中写道：“康熙丁未（六年）上元夜，于礼部尚书王公崇简青箱堂，恭靓世祖章皇帝御笔山水小幅，写林峦向背水石明晦之状，真得宋、元人三味。上以武功，定天下，万几之余，游艺翰墨，时以奎藻颁赐部院大臣，而胸中丘壑又有荆、关、倪、黄辈所不到者，真天纵也。”

北京故宫博物院收藏了顺治帝福临的一些字画。福临擅长山水，描绘林峦向背、水石明晦之状，颇得宋元画家之三味，比如他于顺治十二年画的《墨笔山水图》、《山水》、《墨笔山水》，其中第二幅赐予大学士金子俊，第三幅赐予清朝第一次殿试取中的状元，后来任至大学士的傅以渐。还有一副《墨竹图》，也是顺治十二年所绘，此图墨竹勾画疏密有致，着笔清润流畅，竿、节、枝、叶，笔画相应，一气呵成，劲秀挺拔，生机盎然。福临还画了一副《钟馗像》，钟馗头戴破帽，身着蓝袍，角带，朝靴，正在捉小鬼啖之，其驱鬼之神勇刚烈性格跃然纸上。

福临还能以手指之螺纹，印画水牛。王士祯于《池北偶谈》第十三卷《御画中》条中记述说："戊申（康熙七年）新正五日，过宋牧仲慈仁寺僧会，恭靓世祖章皇帝画渡水牛，乃赫蹄纸上用指上螺纹印成之，意态生动，笔墨烘染所不能到。又风竹一幅，上有'广运之宝'。"

福临这位少年天子，真是书画双妙、文史兼优的罕有奇才。

二　"通玄教师"指点天子迷津

"通玄教师"，乃少年天子赐予汤若望的封号。汤若望（1592~1666 年）是德国耶稣会传教士，于明天启二年（1622 年）来华。他通晓天文，译著甚丰，在华传教修历，成就颇大，影响甚广。

汤若望曾在明朝历局任事，卓有成效，并督造大炮二十门、小炮五百门，因而受到崇祯帝的褒奖。顺治元年（1644 年）清军入京后，摄政王多尔衮赏识汤若望之历法，于十一月命其掌钦天监监印，并谕所属该监官员，今后一切进历、占候、选择等事，"悉听掌印官举行"。随后又以其"创立新法，勤劳懋著"，加其以太常寺少卿衔。

顺治八年正月，少年天子福临亲政以后，更对汤若望宠信有加，这主要是由于下述两个因素。其一是皇太后对汤若望的尊重和信赖。这是由一件偶然的事所开始的。在顺治八年夏季的一天里，忽然有三位满洲妇女来到汤若望的住宅。她们说，她们是汤若望认识的一位亲王的眷属，她的府邸中的郡主身患重病，郡主的母亲不相信医生，愿听听汤若望的意见。根据来人对郡主病症的介绍，加以推断，汤若望断定郡主之病并不严重，遂将一面圣牌交给她们说："如病者把这圣物挂在胸前，那她在四天之内便可病体痊愈。"五天之后，这三位妇女又至汤宅，拿出了一大批钱财和金银绣花的丝织物，作为报酬，"因为郡主果然是在四天之内恢复了康健"。几天之后，他们又送了些钱来。又过了数日，一位蒙古妇女来到汤宅，"献给他一宗更大的款项，作为购买蜜蜡和其他作神事物品之用"。这位蒙古妇女向汤若望讲了真话。她说，她的女主人就是皇帝的母亲，那位郡主就是皇帝的未婚妻，将在八月举行大婚典礼。她又说："这位皇太后将来要以父执敬礼汤若望，并且要作他一切之所命令的，她愿意汤若望以女儿看待她。"皇帝大婚典礼举行后，"汤若望亲趋宫廷，庆贺他这义女新近所获上的尊号"。因为他本来是免除一切朝役之劳的，所以他这次的祝贺，"就被太后很感谢地认为是一种特别礼敬注意的表示了。皇太后特由臂腕上脱下金镯两只，遣一宫女送赐汤若望，作为他祝贺的报答。差来的宫女不容汤若望按照朝仪跪领皇太后的赏赐，因为这是于义父对义女的身份有所不合的"。这时，汤若望的一位仆人进来，向主人说要为庄田买一头耕牛，宫女悄悄地听到了。几天以后，她又来到汤若望的住宅，带来两头健壮的耕牛，"这是皇太后陛下赏赐给他的，并且还问他的安好。皇太后颇以为异，为什么她的义父还在他的义女前，把这样一件小的事情隐瞒不提”。汤若望把两面圣牌交宫女带回，作为返进敬礼，一面圣牌进呈皇后，一面圣牌进呈皇太后。这两面圣牌是应当于她们外衣下系于颈项上的，以免别人注意，“可是皇太后陛下却把这圣牌带在外衣之上”。当汤若望要在教堂前建立一座大理石牌坊时，“皇太后未经汤若望之请求，竟自动地捐助巨款，为的是也要在天主底神台前建立功绩”。同时她使人送来许多蜜蜡，请汤若望为她祷告，因为她十天以来即已患病。“可是在她这请求汤若望祷告之次日，她竟得以霍然病愈。”

孝庄皇太后对汤若望的特殊尊重、信赖及其双方之间的“义父”与“义女”的关系，自然对少年天子产生了很大影响，这是促使福临对汤若望格外敬佩和倚赖的一个重要因素。但是，福临之所以在七八年内对汤若望特别尊重和信任的更重要的原因，还是在于他本人。福临虽爱母后且倚其为治政的最高参谋，但祖制规定，皇帝乾纲独断，即使贵为太后，也不能干涉朝政，且福临又是个性格倔强之君，若他认准了决定了要如何处理某事，那么，哪怕是母后也不能改变他的决定，废去皇后之事即一明证。

福临本人之所以对汤若望异常信赖和尊敬，首先是因为在他极为困难的时刻，汤若望给予了他十分宝贵的忠告和鼓励。顺治帝在顺治八年正月亲政后召集的头几次王公大臣的会议中，“有一次他很感激地提及汤若望神甫，因为他是使他注意到他的皇叔专权跋扈，而且并曾预言他的皇叔早死的”。福临是由大学士范文程介绍而认识汤若望的，虽然没有资料写明少年天子与大神甫开始见面的具体日期，但从上述福临的谈话，可以肯定是在睿王多尔衮摄政之时，福临之话很短，只有三十来个字，只是两句话，但很重要，表明了两个重大问题。一是大神甫提醒皇上，摄政王在专权跋扈，二是大神甫预言皇叔早死。前一句话向福临敲响了警钟，皇叔既然专权跋扈，也难免会有异心，福临应设法对付，防止突然事变。后一句话则是给予了皇上充分的信心，皇叔虽凶，威严无比，势焰熏天，皇上处境虽危，无力反抗皇叔，随时都有被废被谋害的危险，但这只是黎明前的黑暗，光明之日即将到来，因为皇叔尽管只有三十多岁，应该是风华正茂之年，但就要短命夭折，而且果然在三十九岁时便突然死去。这对鼓励皇上满怀信心坚持下去，耐心等待，静观其变，起了很大作用。这两句话给皇上帮了大忙，也显示了大神甫的无比智慧和过人胆识及其对皇上的无限忠心。需知，在皇父摄政王多尔衮在世之日，谁要说了上述两句话，甚至是其中的一句话，都要被处以满门抄斩的大罪！迄今为止，还没有发现有第二人对少年天子在睿王专政时讲了这样的话，汤若望真是皇上的最大忠臣和指点迷津的神甫。所以，少年天子福临才在御前会议上“很感激地”讲起此事，所以他才对汤若望非常尊敬和万分信赖。

同时，汤若望正直、善良、勇敢，一心要为黎民谋利去害的高贵品质，及其博闻广见、智慧机敏，显示出他正是亲政后以名君自期、欲图做番事业、求知若渴的福临急需倚任的贤臣和老师，这更加深了双方的情谊。

因此，少年天子对汤若望的尊崇和优遇，在好几年内，超过了任何人。福临尊称汤若望为“玛法”。玛法是满语之音译，意为“祖辈”、“祖宗”、祖父”,“或年纪辈数高者”。德国人魏特的《汤若望传》记述福临与汤若望之间特殊的、亲密的关系及帝对玛法尊敬优遇之情时，有这样一段叙述：

> 这位皇帝这样充满了信仰与敬爱，向他的这位“父师”，仰视着。……在他们那时常会聚的时机里，聪明的求知若渴的皇帝学子，要求汤若望对于一切可能事件的解答，譬如日食与月食之原理，彗星或流星等问题，再就是物理的问题，和关于这一位或那一位官员的问题，或行政的问题，或钦天监下级生员有无进步的问题。汤若望寻常是按照东方习俗，交盘双腿坐于皇帝旁边的一个坐垫上的，因为把腿伸出，是人们视为失礼不敬的。有时因坐的时间过久，他的双腿竟至麻木失觉，然后皇帝就亲助他起立，支扶着他……即便在国家大典朝会时，皇帝坐于宝座上，汤若望亦是不得不走上丹墀，直接坐宝座之前的坐垫上的。甚至他曾多次被召入皇帝寝殿，当在皇帝晚间已躺在床上将要安息时，他命他的玛法坐于他的床的旁边，汤若望便屈身向床上于青年的皇帝谈话。

少年天子还多次亲临汤若望的住宅。“在中国历史上未之前闻的尊敬，就是皇帝有时仅只为数位侍童所扈从，有时竟带领一大批为数竟达六百名之护驾亲兵，亲临汤若望住宅，访问汤若望。扈从兵马一方面在大街上围护守候，一方面皇帝独自同汤若望坐在室内，或穿房越屋，在宅内到处走动，或令汤若望进饮食，自己随便取用。1656 和 1657（顺治十三年和十四年）两年之间，皇帝竟有二十四次，临访汤若望于馆舍之中，作较长之晤谈。皇帝亲临民宅，这是非常稀少的事件，况且在这两年之中，除临访汤若望之外，他仅有一次出宫拜访一位皇叔于其府邸之中。他在汤若望馆舍中的行动，完全和一位朋友到了他的朋友家里一般。”

对于孝庄太后和少年天子给予的特殊优遇和隆恩，汤若望以效忠皇上的实际行动来报答，对皇上的成长和正确地治国理政起了很大的作用。这主要是通过交谈和上疏而进行的。汤若望的一大贡献就是，他“仿佛是皇帝的一位慈父一般的规正者”和师友，竭力教诲、劝诫皇上，戒掉本身弊病，发扬固有的优点，做一位品德高尚、励精图治的英君名主。当时的外国传教士认为，顺治皇帝福临有很多优点，但毛病也不少，“他固然有许多优良性质资禀，绝无可疑地聪明英俊，甚至可以说是夙慧的早熟的。他的天性固然仁厚宽宏，很能听受他人的忠告，然而也能容易受恶势力的影响”。“但是，顺治的性格上，也有许多缺点，这在他这幼稚年龄里，当然不足为怪的，他在运动上，竟能把一切国家大事与义务都忘掉，游猎是他一种非常大的嗜好”。“他心内会忽然想起一种狂妄计划，而以一种青年人们底固执心肠坚决施行”，有时一件小事就能“激起他的暴怒来，竟致使他的举动如同一位发疯发狂的人一般了”。“他还是迷信的，和一切满洲人一个样，而肉感肉欲的性癖尤其特别发达”。由于“他是世界最大国家权威无限的一位主子”，没有人敢谏阻，“他略一暗示，就足够把进谏者的性命毁掉了”。只有汤若望才“有这胆量和威望，他不避一切，敢向皇帝指示皇帝所应走的道路”。

汤若望一开始“努力奋勉的”，就是改正皇上道德方面的毛病。

少君在“他结婚之前，曾做了一件无道的事情”，汤若望呈递一封谏书,“并且又在四只眼睛之下，向他亲口说了些规正的言词，可是皇帝在敬聆他读谏书时，竟羞怒了起来”。因此，汤若望就走开了，可是又立即被召唤回去,“皇帝向他说，愿改过自新，并且将来仍愿聆听受劝”。皇帝结婚后,“人们仍听得到他的在道德方面的过失。因此玛法又亲自向皇帝读他所上的谏书。皇帝一开始强言护短，然后皇帝面色惭赤，退人于内室中去。继而他又走了出来，以平静的声音，向汤若望问说：玛法，哪一种罪过是较大的，是吝啬或是淫乐呢？若望回答说：是淫乐，尤其在地位高的人们，因为这是一种恶劣的榜样，所引起的祸害，更要多，更要大的。况且这两种罪恶中，淫乐也是更危险的。但是这两种的罪恶都是一样堪当永久的天殃的。皇帝略一思量之后，就点头默认，并且请求玛法常来向他进谏”。

汤若望对“皇帝学子”另一方面的劝谏，是皇上的一些习性和不恰当的爱好。“譬如说：皇上对于臣属，应持慎重缄默态度，不应当把时间消磨于嬉戏徘优的身上。又譬如说：皇上应当节制凶猛的骑驰，对于火器应当慎重小心，尤其是对于欧洲的枪炮，因为皇上对于这种兵器夙无训练，所以就极易发生意外，致受误伤，况且在这些事情上，更能给朝中那些奸恶人物造机会，借此加害于皇帝了。”有一天，福临问汤若望:“为什么大多数的官吏都这么苟且怠忽他们的职守?”汤若望直言:“他们都是以陛下的行动为榜样的。”福临一听,“面孔上登时发起红来了，然而却深深地领受了他的警策的谏正”。

汤若望除了多次与皇上单独相见即“在四只眼睛之下”时直言谏劝外，还在几年之内呈上三百多道奏疏和禀帖，对国事民生和皇上的品性言行提出意见、建议、请求和谏劝。福临对玛法之疏帖十分重视，并“专门选择了一批出来，特地收藏于皇帝个人文书库的另一格中，并且在出宫游猎时，多半都携带身边，以便随时阅读”。其中，有好几件是关系到朝廷安危、帝君尊严和大批将领的生命的军国大事。一是亲迎达赖。顺治九年五世达赖应召来朝，皇上打算亲临边地迎候达赖法驾，汉臣一致谏阻，满洲王公大臣主张亲迎。汤若望也极力谏阻，特上一道很长的谏书，又亲向皇上面奏,“谏皇帝不要自失尊严引招这一种耻辱，因为这是历史上的污点，人们永远不会忘掉的”。大学士洪承畴、陈之遴也上疏力谏，最后顺治皇帝改变了主意，派和硕承泽亲王硕塞前往迎接。

同年十一月定远大将军敬谨亲王尼堪统军进攻大西军晋王李定国中伏战败被斩，第二年，朝廷议处此案时，欲将随同出征的包括四名宗室贝勒、贝子在内的二百名将领处死。实际上尼堪之死乃系咎由自取，他仅带小队人马就拼命奔驰，脱离了大军，陷入敌方重围，以致死亡，随军将领对此“并无丝毫之过失”，他们还很快赶到，寻回尼堪尸体，把敌军打退，使对方重受损失。此时，朝中无人敢为这二百名军官向皇上恳恩求命，汤若望毅然上书，请求宽减对诸将的惩罚。“因为他从前曾谏皇帝，不要选择这位狂勇冒失的亲王为大元帅”，故现在可以将过失完全推到尼堪亲王身上。皇上接受了汤若望的求恩奏折，免去二百余名将领的死刑，改为降级革职。

有一次少年天子福临“心内忽然发生乐趣，要在长城之北边组织一最大规模如同打仗一般的一场游戏”。这个消息一传出来,“一般的人们，尤其是贫民，都发出悲怨之声，因为他们当时都在受着一种物价腾贵的压迫，而现在再加上一层皇差的勒逼，那就更要不堪设想，必致多人丧命的了”。汤若望得知此事后，立即觐见皇上，“直接地并不绕弯子地，把他的谏言向皇上说了出来”，福临听从了玛法的谏言，停止了这场游猎，并向那些清贫的官吏和兵丁发下一批赏赐。

影响最大的要算郑成功围攻江宁了。当顺治十六年南明延平郡王郑成功统领大军围攻江宁，南京危在旦夕之时，福临一开始失去了镇静的态度,“欲作逃回满洲之思想”，可是在被皇太后叱责之后，“他反而发起狂暴的急怒了。他拔出他的宝剑，并且宣言为他决不变更的意志，要亲自去出征，或胜或死”。他剑砍御座，宣布凡要谏阻者，一律斩杀。皇太后苦劝无效，派其奶母往劝，亦被皇上吓跑了，不跑，就要用剑砍杀。各城门已经贴出告示，晓谕民众，皇上要亲自出征,“登时全城内便起了极大的激动与恐慌”，因为老百姓“不得不随同出征”，皇上由于其性格的暴烈，极易在疆场上遇到不幸,“那么满人的统治，就又要受危险了”。群臣又怕谏劝无效招致斩杀，不敢奏谏，于是把全部希望寄托在汤若望身上,“各亲王和各贵显，各部臣和许多朝中的官吏，列为一长队到汤若望住的馆舍中，迫切地请求他援助”。汤若望很久拒绝不允，但最后仍然让步和同意了，因清政府一摇动，教会亦必随之受影响，于是他就决定“要为公共的安宁，为耶稣会的荣誉和教会的前途，把他的性命拿来作孤注一掷”。然后就进宫冒死谏阻，向帝呈上奏疏:“并且很深诚地恳求，不要使国家到了破坏地步。他宁愿粉身碎骨，也不愿不忠于他的职守，有所言而不言。”福临本已有些安静了，现在听了汤若望的奏谏后，情绪便转变了过来，下令停止亲征。

汤若望的直谏、忠心和教诲，少年天子福临在相当长的时间里，是非常珍视的，因而他对其也给予了超出常规、超出一切王公大臣的优遇。这主要表现在以下几个方面。一为尊称其为“玛法”。堂堂“天下共主”至高无上的大皇帝，竟对身为臣属的一名“夷人”，尊称为“玛法”，有清一代，实为罕见。二为免除跪拜。顺治帝亲政以后，朝中文武百官和“天潢贵胄”的宗室王公，除“叔和硕郑亲王”济尔哈朗以年老免朝贺、谢恩行礼外，汤若望这位被授为钦天监正的五品文官竟也得到了与叔王一样的优遇，而免除跪拜。三是亲临馆舍。皇上曾多次临幸汤若望住宅，而且有时停留的时间很长，作竟夕之谈，谈话无拘无束。四是赏赐隆厚。皇上不仅赐与“玛法”帑金和朝衣凉朝帽等物，有一次还亲自赏赐由少年天子亲手所画且盖有御印的扇子，“作为礼敬他的师友的表征”。五为诰封三代。六是加授封阶。七系赐与尊号。八乃赐与茔地和堂额。

顺治八年，幼帝福临诰封汤若望为通议大夫（正三品），赐封其父、祖为通奏大夫（从二品），其母和祖母为二品夫人。不久又加其为太仆寺卿，寻改太常寺卿（正三品），后又于顺治十四年授通政使司通政使（正三品）荣衔，第二年并进授光禄大夫封号（正一品），恩赏其祖先三代一品封典。

顺治十年三月初二日，十六岁的皇上福临赐与太常寺卿管钦天监事汤若望“通玄教师”称号，加俸一倍，赐以敕谕。其敕全文如下：

朕惟国家肇造鸿业，以授时定历为急务。羲和而后，如汉洛下宏、张衡、唐李淳风、僧一行诸人，于历法代有损益，独于日月朔望交会分秒之数，错误尚多，以致气候刻应不验。至于有元郭守敬，号为精密，然经纬之度尚不能符合天行，其后晷度亦遂积差类。尔汤若望来自西洋，涉海十万里，明末居京师，精于象纬，闳通历法，其时大学士徐光启特荐于朝，令修历局中，一时专家治历如魏文奎等，推测之法，实不及尔，但以远人之故，多忌成功，历十余年，终不见用。朕承天眷，定鼎之初，谘尔姓名，为朕修大清时宪历，迄于有成，可谓勤矣。尔又能洁身持行，尽心乃事，董率群官，可谓忠矣，比之古洛下闳诸人，不既优乎！今特锡尔嘉名为通悬（玄）教师，余守秩如故，俾知天生贤人，佐佑定历，补数千年之厥略，成一代之鸿书，非偶然也。尔其益悉懋厥修，以服厥官，传之史册，岂不美哉！

顺治十一年三月，帝赐阜成门外利玛窦坟地两旁地亩作为将来汤若望的茔地，十二年二月又赐御书“通玄佳境”堂额，令恭悬于宣武门内教堂，并为其亲撰碑文，刻于教堂门前，表扬汤若望“事神尽虔，事君尽职”。

一些汉大臣对汤若望的直言进谏，为国效力，也甚为赞扬。曾任都察院左都御史的龚鼎孳为汤若望所撰的《汤道未七十寿序》中赞扬说：“（先生）睹时政之得失，必手疏以秘陈，举凡修身事天，展亲笃旧，恤民勤民，用贤纳谏，下宽大之令，慎刑狱之威，盘固人心，镞厉士气，随时匡建，知无不言。……乃至猎阻相如，表抗韩愈，抵触忌讳，罔慑震霆，微闻拂耳，终谐纳牖，最后则直陈万世之大计，更为举朝所难言。”

从顺治八年到十四年，汤若望成为少年天子亲密的尊崇的玛法和师友，备受皇上特宠，常为少帝指点迷津，直言相谏，善语劝诫，帝也大都采纳，但在三个重大问题上，汤若望的努力没有成功。汤若望十分讨厌太监和喇嘛教，多次激烈诤劝，可皆未达到目的。汤若望作为北京耶稣会会长，虽对传播耶稣会起了重大作用，北京传教区的教徒增加到一万三千名左右，但教会的最大愿望，汤若望竭力追求的目标，即让顺治帝入教，信奉天主，却未能实现。而且由于太监的捣乱和佛教的影响，顺治末年少年天子逐渐疏远了他尊敬的玛法，而转为信佛祖了。

三　笃信佛教　法号“行痴”

顺治帝福临亲政之初，励精图治，欲以文教定天下，常与儒臣探讨治国之道，对佛教并不崇信，甚至还对其有所讥讽。顺治十年正月三十日，他与大学士陈名夏商讨天下治乱之因和国祚长久之法时，曾对喇嘛僧道加以贬斥：“喇嘛竖旗，动言逐鬼，朕想，彼安能逐鬼，不过欲惑人心耳。”陈名夏立即表示赞同，奏称：“皇上此言，真洞晰千载之迷，尝谓有道之世，其鬼不灵，光天化日，岂有逐鬼之事。”帝又说：孝子顺孙追念祖父母、父母，“欲展己诚，延请僧道，尽心焉耳，岂真能作福耶”？名夏又奏，“有学识之人，必不肯延僧道，为此者，多小民耳”。但是，可能与太监影响有关，从顺治十四年起，他先后宣召了一批高僧至京，参禅论佛，对佛教崇信到无以复加的地步。

第一位为帝召见的是憨璞性聪。憨璞性聪，福建延平人，十八岁为僧，师为百痴行之，师祖系费隐通容。顺治十三年五月，憨璞性聪住京师城南海会寺。十四年初，顺治帝福临驾幸南海子，途经海会寺，召见憨璞性聪，十月初四日又召入禁中，于万善殿召对。帝问：“从古治天下，皆以祖祖相传，日对万机，不得闲暇，如今好学佛法，从谁而学？”憨璞答称：“皇上即是金轮王转世，夙植大善根、大智慧，天然种性，故信佛法，不化而自善，不学而自明，所以天下至尊也。”憨璞如此巧言相谈，焉能不获帝之欢心，故而“奏对称旨”。憨璞又竭力巴结太监，他的《憨璞性聪语录》载有赠太监之诗十首，其题目为：示内监澄寰何居士，寿司礼监弗二曹居士，赠太监总理振宇陈公，示太监明山李居士，示太监君弼谢居士，赠太监瑞云马居士，示太监珍宇程居士，示太监海藏李居士，示太监竹书王居士，示太监义山许居士。这些诗都对太监歌颂备至。比如，其《赠太监总理振宇陈公》中有：“文华星斗蘸湖光，海宇扶风理总纲，信道归心辅法社，施仁清政响殿堂。”其《示太监海藏李居士》云：“佐佛如同常辅国，信心护念道心坚。”他还另写一诗《赠弗二曹居士》，云：“玉柱擎天宰老臣，朝纲德政施仁民。珠玑满腹饱儒业，心意朗明通教乘。昔日灵峰亲嘱咐，今时法社赖维屏。昆耶不二默然旨，犹胜文殊多口生。”既巧言谈辞，逢迎皇上，又广交内侍，暗施影响，因而憨璞性聪自然蒙帝宠信，被帝敕封为明觉禅师，多次召对，并遵帝询，列荐南方高僧。自此而后，玉林琇、木陈忞、玄水杲等先后至京。

玉林琇，原籍江南蓉城，幼年虔诚奉佛，悟道甚早，二十三岁即就任湖州报恩寺住持，声名远扬，与憨璞之师祖费隐通容是同辈。经憨璞性聪推荐，顺治帝于顺治十五年九月遣使宣诏，请他入京说法。玉林琇故作清高，卧病不起，且以母未葬为辞，辞谢不应，直到十六年正月才姗姗启程，二月十五日入京见帝。玉林琇施展其奇特之才和高深禅理，巧妙奏对，甚蒙皇上推崇。福临屡至玉林琇馆舍请教佛道，以禅门师长相待，并请其为己起法名："要用丑些字样。"玉林琇书拟十余字进览，"世祖自择痴字"，上则用龙池派中行字辈之行，即法名为"行痴"。从此帝致玉林琇之御札，"悉称弟子某某，即玺帝亦有痴道人之称"，对玉林琇之弟子，"俱以法兄师兄为称"。帝初赐玉林琇以"大觉禅师"称号，寻晋"大觉普济禅师"，后加封为"大觉普济能仁国师"。玉林琇于顺治十五年四月十六日出京，十七年十月十五日应召再次至京，第二年二月十五日南还。

比玉林琇伴帝更久、影响更大的是其同辈名僧木陈忞。木陈忞乃广东茶阳人，出身于书香门第，幼年修行，明崇祯十五年（1642年）住持宁波天童寺。顺治十六年九月应召入京，第二年五月南还。木陈忞在京八月，极受皇上尊崇，下榻于万善殿，被封赐"弘觉禅师"尊号。帝曾多次来殿相晤和请教，尊称其为"老和尚"，以师相待，自视为弟子。除了参禅问佛以外，两人还道古论今，臧否人物，评议八股时文、诗词书法，以及小说西厢、红拂等，话题广泛，见解相同。福临对木陈忞的书法非常赞赏，誉其楷书是“字画圆劲，笔笔中锋，不落书家时套”。木陈忞南归前夕，帝依恋不舍，要他留下两名弟子，早晚说话，遂商定留旅庵本月和山晓本晳二人，住居京师善果寺。

玉林琇的大弟子茆溪森伴帝最久，足足一年半的时间在京说法。茆溪森广东博罗人，官宦子弟，父黎绍爵曾任明朝刑部侍郎。茆溪森与帝相处最长，且奏对默契，甚得帝宠，顺治帝曾多次欲封他为禅师，茆溪森因师父玉林琇已获此号，师徒不便同受封号，竭力奏辞，帝乃亲笔大书“敕赐圆照禅寺”匾额，命杭州织造恭悬于昔日茆溪森住持之浙江仁和县龙溪庵，从此此庵更名为“圆照僧寺”。

在玉林琇、木陈忞等僧的强烈影响下，顺治末年世祖福临笃信佛教，几乎成了僧徒之傀儡，疏远了玛法汤若望，且欲颁行反对基督教的文件。《北游集》载，有一次帝与木陈忞会晤时，帝对木陈忞说：“昨在宫看先和尚（木陈忞之师密云圆悟）语录，见总直说中有《辩天三说》，道理固极透顶透底，更无余地可臻矣，即文字亦排山倒海，遮障不得，使人读之，胸次豁然。朕向亦有意与他辩析一番，今见先和尚此书，虽圣人复起，不易斯言，故已命阁臣冯铨及词臣制序，将谋剞劂，使天下愚民不为左道所惑。”木陈忞盛赞少君之示说：“皇上此举，功流万世，顾先师大义微言，何幸折衷我皇圣人哉。”帝又说：汤若望曾进天主教书，“朕亦备知其详，意天下古今荒唐悠谬之说，无逾此书，何缘惑世，真不可解”。只是由于福临很快病逝，这一反对基督教的文件才未得以颁行全国。

顺治帝在其最后三四年里如此信佛崇佛，自然会影响到他治理国政的时间和精力，带来了消极的影响，确系弊习，但幸好他尚未像前朝媚佛之帝那样，大兴土木，广修寺观，滥施国帑，劳民伤财，尚可算是不幸中之万幸了。

第十二章　钟情董鄂妃　至死不移

一 董鄂妃并非江南名妓董小宛

顺治帝福临的爱妃是内大臣鄂硕之女董鄂氏。关于这位皇妃，历来有不少的传说。《清朝野史大观》卷一《董妃董小宛说》载称：吴梅村之《清凉山赞佛诗》，暗指董妃逝世，清世祖过分伤感，遂遁五台山出家为僧。此董妃即冒辟疆之姬董小宛，被清兵所掠，辗转入宫，蒙帝特宠，用满洲姓董鄂氏。

冒辟疆，即冒襄，字辟疆，别号巢民，江苏如皋人，官宦子弟，十岁能诗，才高誉广，与方以智、陈贞慧、侯方域并称“四公子”。他于明崇祯十二年（清崇德四年）与小宛初识，十五年娶为妾，第二年同返故里。清军入关，下南京，冒府全家避难流离，辟疆又患重病，几丧黄泉。顺治四年辟疆又为仇家诬陷，险被擒捕，事解之后，又复长病，小宛侍病解危，身心交瘁，于顺治八年正月初二日病故，享年二十八岁。

笔者认为，董小宛并非董鄂妃。根据有三：其一，董小宛比顺治帝福临大十四岁多，当其芳名远扬，十六岁与冒襄初识之日，福临才是一位吃乳的岁余幼童，其死之时，二十八岁，福临只有十三岁。其二，若说其在乱中被清兵掠获，辗转入宫，那么，从顺治二年到八年，小宛从一位二十一岁的少妇到二十八岁，又有何术能迷惑十三岁的少君？若按实录所记是顺治十三年册立为妃，则小宛已有三十三岁，又怎能诱惑十八九岁的青年皇帝对其专宠？其三，小宛死于顺治二年正月初二日冒襄家中，既有夫君的长篇忆妻悼妻佳作《影梅庵忆语》，详记相识、完婚、蒙难、侍夫及劳病而死之情，又有当时好些文人学士的悼念诗词，皆可证明小宛死于冒府，那么，她又怎能于顺治十三年被册为皇贵妃？此说显难成立。

二　董鄂氏不是君之弟媳襄亲王福晋

另一种说法则并非民间传说，而是近代学者的论断，主张董鄂氏乃系满洲宿将鄂硕之女，先嫁于帝之十一弟襄亲王博穆博果尔，后与皇上热恋，致其夫因愤致死或自缢，皇上就册立董鄂氏为妃。此说亦缺乏实在的根据。这种见解主要是根据《汤若望传》的一段记述推论而来。《汤若望传》载："顺治皇帝对于一位满籍军人之夫人，起了一种火热爱恋，当这一位军人因此申斥她的夫人时，他竟被对于他这申斥有所闻知的天子，亲手打了一个极怪异的耳刮。这位军人于是乃因怨愤致死，或许竟是自杀而死。皇帝遂即将这位军人的未亡人收入宫中，封为贵妃。"有的学者认为，这位满籍军人的夫人既然能接近皇帝，则非疏远小臣，而襄亲王去世不久，帝即册立董鄂妃。此外，满洲旧有治栖之俗，兄死之后，或侄死之后，其未亡人分为原夫之弟、侄、叔纳取，如太祖第五子莽古尔泰卒后，其妻分给侄子豪格、岳託，太祖第十子德格类死，其妻给予其弟阿济格，豪格死后，嫡福晋被叔叔多尔衮纳为福晋。可见，董鄂妃即系襄亲王之福晋。

揆诸史实，这一论断很难成立，主要理由有两条。第一，通读《汤若望传》，满洲"军人"与满洲"王公"之分，十分严格，各有明确的含义和范围，不能混为一谈。现将传中一些叙述引列于后："顺治御前头几次所开的各王公大臣的会议中"；帝于顺治八年出外行猎，"仅只亲王数位与皇太后留守京都"，"三位满洲妇女"至汤宅，声称"她们是汤若望所认识的一位亲王的眷属"；顺治八年举行皇上大婚礼时，"汤若望不得不在宫廷之中随同群王群臣作整日之庆祝"；新筑大殿举行落成典礼之日，"各王公大臣连汤若望"俱皆参加；皇帝寿诞，"汤若望和一切皇族贵戚文武官员以及王公贝勒都一律趋朝拜贺"；顺治十年，"汤若望救了二百余名满洲贵族的性命，在这二百余名满人之中，有四位是宗室王公"，由于"一位过于贪求荣誉的亲王"（即敬谨亲王尼堪）远驰中伏阵亡，全军"二百余名军官"按律当斩，等等。这里面，亲王、宗室王公显然与大臣、贵戚有着严格的区别。如若还嫌不太明朗，那么再举一条：当顺治帝怒冲冲地宣布要御驾亲征郑成功，以斩杀威胁谏阻之人时，"各亲王和各贵显，各部臣和许多朝中的官吏"，列队前往汤府，请求汤若望进谏。在这里，亲王、贵显、部臣、朝中官吏，区别十分清楚。原因不难了解，汤若望在顺治年间一直和清朝的亲王、郡王、贝勒、贝子等宗室王公，以及皇亲国戚、部院大臣和高级将领打交道，他熟谙政局和官场，他当然知道亲王地位之高、权势之大，与一般满人甚至是部院大臣和高级将领之间，有着严格的区别，贵贱悬殊，绝对不能混为一谈。因此，很难将"满籍军人"定为襄亲王博穆博果尔。

第二，博穆博果尔是太宗皇太极之第十一皇子，生于崇德六年十二月二十日，母系漠南蒙古阿巴噶部扎萨克卓礼克图郡王多尔济之女，崇德元年封麟趾宫贵妃，在五宫后妃中名列第三位。世祖福临于顺治十二年二月二十一日下诏封博穆博果尔为和硕襄亲王，册文说:“爰仿古制，用展亲亲之谊，尔博穆博果尔乃太宗文皇帝之子，朕之弟也，锡以金册金印，封为和硕襄亲王。”所封之根据，仅因其是先帝之子帝之弟，未言有任何军功。这与册封英、肃、豫等王及承泽亲王硕塞（帝之兄长）的册文叙列各王之军功完全不同。这也是事实，英、豫等王百战沙场，军功累累，而博穆博果尔在顺治元年大军入关之时，只是一个两岁多的乳臭幼童，到顺治十二年册封为王时，才十四周岁多，不可能披甲统兵厮杀，当然无军功可言。因此，博穆博果尔只是一位王爷，而非“满籍军人”，他根本不知征战为何物！

董鄂氏不是襄亲王的福晋，但按《汤若望传》的记载，她是一位“满籍军人”的夫人。这位满籍军人究竟是谁，已是无从考证了，但有一点可以肯定，他必是三品以上的高级将领，因为按规定，只有三品以上的命妇，才能也必须按期入宫随侍皇太后和皇后。另外，董鄂氏之父鄂硕，亦非中下级武官，而是开国将领之一。

鄂硕之父名叫鲁克素，太祖时率丁四百来归，其子锡罕授备御世职，天聪初年战亡于朝鲜。鄂硕袭父锡罕世职游击，多次出征，于天聪九年进世职二等甲喇章京，擢巴牙喇甲喇章京，即后之护军参领，官阶正三品。入关以后，又领兵随征，攻潼关，下苏州，打杭州，战湖广，进世职二等男（正二品），顺治八年擢护军统领，官阶正二品。顺治十三年董鄂氏册妃，再擢任正一品的内大臣，进世职为一等子，第二年又因女晋封皇贵妃进三等伯，当年去世，赠三等侯。其兄罗硕亦历任甲喇额真、工部侍郎、大理寺卿。以鄂硕这样统辖精兵千余名护卫皇上的亲近高级将领，其所选之女婿，谅必也非等闲之辈，当系三品以上军官，所以董鄂氏才有为皇上发现的机会，才有可能参与宫中盛宴或入侍太后、皇后而接近皇上，最后为帝册为贤妃和皇贵妃。

三　尽改荡习　专宠董鄂妃

少年天子福临懂事之后，也沾染上了《汤若望传》中所说的满洲贵族子弟的一些恶习。《汤若望传》中载述：福临“和一切满洲人一个样，而肉感肉欲的性癖尤其特别发达”。他结婚之前，“曾作了一件无道之事”，遭到玛法直谏。结婚之后，“人们仍听得到他的在道德方面的过失”。“因为满人都过于沉溺劫掠、烧杀和淫乐的生活的原因”，很难信奉基督教。

《汤若望传》中所记以上情形，相信与实际不会有很大的出入，但是，应当作两个较大的修正和补充与解释。这些行为，不应该看作整个满洲人都是这样做的，五万左右满洲男丁及其二三十万六十岁以上之男人和十八或二十岁以下的少年青年与妇女，不可能都有劫掠、烧杀和淫乐的条件和行为，大多数满洲兵士与余丁（兵士之父兄子侄）贫穷困苦，没有淫乐的物质条件。只有满洲王公贵族大臣及其少爷，才有条件而且大多数也确实是寻欢作乐，“肉感肉欲的性癖尤其特别发达”。像摄政王多尔衮，妻妾成群，还要在八旗广选美女，逼求蒙古、朝鲜公主、格格、福晋，酒色过度，三十九岁即因此丢命。豫亲王多铎尽管开国有功，智勇双全，却迷恋女色，很早就和妓女鬼混，甚至要公开霸占大学士范文程的夫人，后来在顺治二年下江南时，又广觅美女，逼娶寡妇刘三秀，最后，三十五岁时即过早去世。宗室王公中败坏人伦和通弟妇兄妾侄媳之事，层出不穷。不应把这一部分少数特权阶层的行为和作风，扩大到整个满洲人。

更重要的是，他们之所以如此好色放纵，并非呱呱坠地之日即有此根，乃是由于其幼年、少年、青年、中年甚至老年时期所处的地位决定的。宗室王公子弟，一生下来便是亲王、郡王、贝勒、贝子，尤其是嫡福晋之子，将来必然袭封父亲崇爵，贵为王公，仆婢成群，包衣众多，庄园遍布关内外，岁领俸银数千两上万两，只用“锦衣玉食”四字，难以形容其富贵荣华。不少子弟在七八岁甚至一两岁时便因父王去世而袭封王爵。这些在侯门深似海的环境中长成的王爷、贝勒爷、贝子爷，在邪恶小人的唆使、影响之下，怎能不走上荒淫无耻的道路！

顺治帝福临的处境比这还坏。摄政时他只能骑射行猎，嬉耍度日，亲政后他虽然励精图治，欲为明君，也做了不少大事，文治武功皆有成就，但万岁之尊，使其容易偏听谀言。尤其可恶的是，太监中之奸狡歹徒，拼命腐蚀皇上，影响皇上，“他们诱引性欲本来就很强烈的皇上，过一种放纵淫逸生活”。此外，众多的妃嫔、贵人、常在、答应和宫女，大都在竭力设法诱引皇上，宠幸于己。所以，顺治帝福临在性生活方面确实变成了一个好色之徒，这就是顺治十三年八月董鄂氏册妃以前的少年天子。尽管玛法拼命谏阻劝诫，都无济于事，福临仍然我行我素，放荡淫纵。好色必然昏庸，荒淫无耻又必导致愚蠢、残暴，祸国殃民，甚至亡国败邦，隋炀帝、唐明皇皆系前车之鉴。看来，逆势是无法扭转了，福临最后将沦落为好色昏君而遗臭万年了。

然而奇迹出现了，福临遇到董鄂氏及册其为妃之后，竟然专宠爱妃，尽改荡习。

顺治十三年十二月初六日，京城举行了隆重的册立内大臣鄂硕之女董鄂氏为皇贵妃的典礼。册封之文说："朕惟乾行翼赞，必资内职之良，坤教弼成，式重淑媛之选，爰彰彝典，特沛隆恩。咨尔董鄂氏，敏慧夙成，谦恭有度，椒涂敷秀，弘昭四德之修，兰殿承芬，允佐二南之化。兹仰承懿命，立尔为皇贵妃，锡之册宝。其尚祗勤夙夜，衍庆家邦，雍和钟麟趾之祥，贞肃助鸡鸣之理，钦哉！"宝文为"皇贵妃宝"。

此事令人惊奇之处有三。第一，晋封太快。五个多月前，六月初七日，礼部以册立两妃九嫔典礼奏请，帝降旨批示："今先册立东西二宫皇妃。应行事宜，尔部即照例酌议具奏。"过了九天，六月十六日，礼部奏上册立皇妃仪注：册立两妃，宜用金册，先一日祭告太庙，至期遣使赍册前往两妃所居宫册立。帝命于八月以后择吉举行。又过了十天，六月二十六日，顺治帝福临谕礼部，奉圣母皇太后谕：定南武壮王女孔氏，忠勋嫡裔，淑顺端庄，堪诩壶范，宜立为东宫皇妃。尔部即照例备办仪物，候旨行册封礼。又过了将近两个月，八月二十五日，帝又谕礼部，本月二十二日奉圣母皇太后谕：内大臣鄂硕之女董鄂氏，性资敏慧，执度端和，克佐壶仪，立为贤妃。尔部查照典礼，择吉具奏。

从这些奏疏和圣谕来看，最初本是要册立东西二宫两位皇妃，东宫皇妃是原定南王孔有德之女孔四贞，但因四贞不愿，奏称早已由父许字孙延龄，只好作罢。董鄂氏于八月二十五日始册为“贤妃”，并非顶替孔四贞之东宫皇妃位置，只是当时世祖福临的几位妃子之一，可是，册立之后仅一月，九月二十八日，即被谕升为皇贵妃。九月二十九日帝谕礼部，朕前奉圣母皇太后谕：内大臣鄂硕之女董鄂氏立为贤妃。本月二十八日又奉圣母皇太后谕：式稽古制，中宫乏次，有皇贵妃首襄内治，因慎加简择，敏慧端良，未有出董鄂氏之上者，应立为皇贵妃。尔部即查照典礼，于十二月初六日吉期行册封礼。董鄂氏入宫不久即封贤妃，再晋皇贵妃，升迁之速，史上罕有。

第二，典礼极隆，特颁大赦恩诏。十二月初六日举行晋封册立董鄂氏为皇贵妃时，典礼十分隆重。当日早晨，奉册宝于彩亭，礼部侍郎邬赫、启心郎吴马护等送至皇上居住之南苑，将节、册、宝奉置于帝所御之殿左黄案上。帝御殿，阅过册、宝，正使大学士刘正宗，副使礼部侍郎邬赫、薛所蕴跪于殿阶下，大学士巴哈纳捧节，学士麻勒吉捧册，学士折库纳捧宝，分授于正使、副使。正使、副使捧节、册、宝前往皇贵妃之宫，经内监、宫女，转授与皇贵妃。第二日，十二月初七日，颁诏天下。黎明之时，设诏书黄案于太和殿内左侧，宗室、觉罗、固山额真、尚书、精奇尼哈番（子爵）等官以下，异姓公侯伯及满汉文武有顶带官员以上，俱着朝服，齐集午门外，外郎、耆老等俱集天安门金水桥前。大学士觉罗巴哈纳捧取诏书，交与礼部尚书恩格德，群臣随恩格德行至金水桥前，宣诏官向群臣宣诏，然后置诏书于龙亭，张盖奏乐，自大清门出，入礼部大门，礼部各官行三跪九叩礼。后将诏书刊示天下。

诏书宣告："帝王临御天下，庆赏刑威，虽当并用，然吉祥茂集之时，尤宜推恩肆赦，敬迓天庥。朕遵圣母皇太后谕旨，思佐宫闱之化，爰慎贤淑之求，于本月初六日册封内大臣鄂硕之女董鄂氏为皇贵妃，赞理得人，群情悦豫，逢兹庆典，恩赦特颁。"恩赦之条目有十，除十恶等真正死罪及贪官衙蠹应斩者不赦外，其余死罪俱减一等，军罪以下，一律赦免；朝审候决重犯，减等发落；各省府监候秋决各犯，减等处理；文官除贪赃、失城、欠粮等罪不赦外，其余见在议革、议降、议罚及戴罪住俸各官，俱予宽宥；啸聚山海者，真心来归，赦免其罪；各处盗贼，改过自首，准赦前罪，等等。

有清一代，大赦恩诏何止数百道，但皆无此诏之奇特。它令人惊异之处在于，这是包括入关前那段时间在内的清朝三百年里，唯一的一次因册立皇贵妃而颁恩诏大赦天下，在此之前的太祖、太宗，在此之后的康、雍、乾、嘉、道、咸、同、光、宣九朝，皆未发生过类似事件，确可算是罕有之隆恩。

第三，虽无皇后之名，却系六宫之主。少年天子福临除顺治十一年册立蒙古科尔沁贝勒绰尔济之女（孝庄皇太后之侄孙女）博尔济吉特氏为皇后外，尚有静妃（废皇后）、佟妃（康熙帝之生母）、贞妃、淑妃（皇后之妹）、恪妃（汉吏部左侍郎石申之女）、恭妃、端妃及庶妃数名，只有董鄂氏一人是皇贵妃。不久康熙朝定制：皇后居中宫，皇贵妃一位、皇妃二位、妃四位、嫔六位、贵人、常在、答应无定数，分居东西十二宫。即除后以外，后宫之中，皇贵妃为最高封号之人，她经常在无后之时（未册皇后或皇后去世立新后之前）或后生病之时，主持六宫事务。此时，世祖福临虽有了第二位皇后，但帝以其虽“秉性淳朴”，但“乏长才”，而董鄂妃“才德兼备，足毗内政”，且甚蒙皇太后喜爱，故宫中庶务皆妃经理，“虽未晋后名，实后职也”。

福临为什么这样宠爱董鄂妃，并能因此将历年恶习尽行涤除？董鄂妃究系何种人也？尽管史料缺略，但根据帝于爱妃死后亲撰董鄂氏《行状》，以及有关资料，还是可以归纳出几点推论。

首先，董鄂氏必然是天香国色，绝代佳人。少年天子英俊聪睿，天下共主，富有四海，自然是心比天高，眼高于顶，因此尽管后宫之内不乏美女，可是没有一个能拴住皇上之心。但是，自董鄂妃入宫以后，五年之内朝夕共处，专宠于一身，若非绝世佳人，怎能使六宫粉黛无颜色？

其次，情投意合，红粉知己。貌美固然能获君宠，然仅靠容貌，亦难长专帝爱，一则韶华易逝，红颜易衰，再则疾病若生，更易珠黄人老，三则只是金玉其外，胸无点墨，亦难长蒙英俊君主垂青。废后容貌不为不美，连厌恶其人之顺治帝，亦言“前废后容止，足称佳丽，亦极巧慧”，然而性情乖张，嫉心特强，“见容少妍者，即憎恶欲置之死”，爱好与帝亦异，终被帝废。董鄂妃入宫不久，身体渐弱，后长病三年，“容瘁身癯”，容颜自当减色，然而帝仍对其宠爱不衰。推究其故，显系因为帝妃之间，情投意合，心心相印，故能长相厮守。这主要表现在四个方面。

第一，帝妃皆有治国安邦之志。福临固以明君自期，董鄂妃亦竭力襄助夫君励精图治。帝曾下谕免视朝，妃谏劝说：群臣能因视朝而获睹天颜，“愿陛下毋以倦勤罢”，帝从其言而频频视朝。每当日讲之后，妃必请帝讲述所讲之义，帝“与言章句大义，后（董鄂妃死后追册为皇后）辄喜”。间有遗忘，妃必谏劝说：“妾闻圣贤之道，备于载籍，陛下服膺默识之，始有裨政治，否则讲习奚益焉？”帝阅章奏，常至深夜，妃皆在侧随侍。有些奏疏是循例待批者，帝略为翻阅，即置于桌，实即已同意其奏。妃即进谏说：“此讵非几务，陛下遽置之耶？”帝答复说：“无庸，故事耳。”妃复谏说：“此虽奉行成法，顾安知无时变需更张，或且有他故宜洞瞩者，陛下奈何忽之。祖宗贻业良重，即身虽劳，恐未可已也。”帝乃细阅。时时事事，董鄂妃皆以襄助夫君治国安邦为务，勉君勤理国政。

第二，治国之道相同，皆以孔孟仁政之学为准。有一日，福临阅览刑部奏述应予处死犯人之疏时，握笔犹豫，不忍勾决。妃见状问询说：此疏所述何事，致陛下心轸。帝答称：此乃秋决疏，疏中十余人待朕批准后，即予正法。妃闻之泣下，恳请说：“诸辟皆愚无知，且非陛下一一亲谳者，妾度陛下心，即亲谳，犹以不得情是惧，矧但所司审虑，岂尽无冤耶？陛下宜敬慎求可矜宥者全活之，以称好生之仁耳。”从此以后，福临“于刑曹爰书”，必详细阅览。妃犹勉帝再读，“民命至重，死不可复生，陛下幸留意参稽之”，“与其失入，毋宁失出”。福临忆及此情盛赞妃之宽厚：“以宽大谏朕如朕心，故重辟获全大狱未减者甚重，或有更令覆谳者，亦多出后规劝之力。”妃每劝帝与诸大臣共食，遇逢大臣有过致帝不乐时，劝谏帝宽厚，详察是非，“以服其心，不则诸大臣弗服，即何以服天下之心乎”？福临追忆妃之诸事：“嗟夫，朕日御万机，藉后内助，故得安意综理，今复何恃耶？宁有协朕意如后者耶？”天下之大，亿人之多，红粉知己，仅妃一人，这就是帝妃恩爱如山似海的一个主要因素。

第三，孝养母后，善侍夫君。福临盛赞爱妃对母后之孝顺恭养：“事皇太后，奉养甚至，伺颜色如子女，左右趋走，无异女侍，皇太后良安之，自非后在侧，不乐也。”有一次太后染病，董鄂妃“朝夕奉侍，废寝食”，故太后亦视妃如女，“出入必偕”，“爱其贤，若怀环宝”。妃之待帝，更是尊崇挚爱，体贴入微，侍养备至。“晨夕候兴居，视饮食，服御曲体罔不悉。”遇逢庆典，帝饮酒数杯，妃既数诫侍者“若善事上，寝室无过燠”，又于中夜亲至寝所侍帝。帝返宫稍晚，妃必“迎问寒暑”，促进饮食。帝好狩猎，妃必谏阻：“陛下借祖宗鸿业，讲武事，安不忘战，甚善。然马足安足恃，以万邦仰庇之身，轻于驰骋，妾深为陛下危之。”帝善其言，深赞妃之“深识远虑，所关者切”，故当他骑马之时偶然失脚，辄惊于色。

第四，天资敏慧，聪睿过人，经史佛学书法，皆有造诣。帝追忆妃情写道：“(后）所诵《四书》及《易》，已卒业。习书未久，天资敏慧，遂精书法。后素不信佛，朕时以内典禅宗谕之，且为解《心经》奥义，由是崇敬三宝，栖心禅学。”这样一位才貌双全的绝代佳人和贤妃良媳，自然能与皇上议论治政之道，参禅悟佛，挥毫疾书，志同道合，恩爱愈笃。这样一来，福临昔日之荡习便尽行涤除，从此他就全心全意宠爱董鄂妃，爱笃情痴，至死不移。

四　爱妃仙逝　福临悲痛欲绝

顺治十七年八月十九日，对于少年天子福临来说，是他最伤心、最不幸也是促使他加速死亡的、可诅咒的凶险日子。在这一天里，他唯一的心上人、红颜知己皇贵妃董鄂氏与世长辞了。噩讯传来，福临犹如突遭晴天霹雳，悲不欲生。时人记道:“皇帝陡为哀痛所攻，竟致寻死觅活，不顾一切。人们不得不昼夜看守着他，使他不得自杀。”

董鄂妃此时确不该死，她才二十二岁，完全可以更加长寿，为什么会英年早逝？可能是由于三个原因。一是先已有病，延续三年，致“容瘁身癯”。二是爱子早殇。顺治十四年十月初七日，董鄂妃生下一子，尽管此子排行第四，上有皇二子福全、皇三子玄烨，下有皇五子常宁、皇七子隆禧，皇长子、皇六子、皇八子早殇，但玄烨之母佟氏系妃（很可能也是庶妃），福全、常宁、隆禧之母俱系庶妃，唯有董鄂妃之子是皇贵妃所生，母之封号最贵，又系皇上唯一专宠之爱妃，因而备受父皇宠爱，人们认为此子“是皇帝要规定他为将来的皇太子的”。然而，不知是什么原因，这位皇子未能长大成人，却于顺治十五年正月二十四日，即刚三个半月，便去世了，连名字都未来得及取。福临十分悲痛，谕令追封荣亲王，命礼部于黄花山建立寝园安葬，并因侍卫桑阿尔寨、吴巴旦明知荣亲王之丧，却“违制宴乐”，予以严惩。董鄂妃别无儿女，仅此一子，却百日而殇，焉能不悲！

第三个原因，也是最重要的原因，是宫中乃是非之地，后妃之间各种矛盾错综复杂，本已难处，而现在所有矛盾皆已集中在董鄂妃身上，她已成为众矢之的，如何周旋，化凶为吉，使她心力交瘁，力难支撑。董鄂氏之入宫超擢皇贵妃，独专帝宠，无后之名，有后之实，招来各方面的敌视和不满。孝庄皇太后对此特宠很难满意。从当时清政府所处的形势和太后娘家的特殊利益来看，她都希望儿媳是漠南蒙古科尔沁部博尔济吉特氏家族的格格，以便充分依靠、利用娘家父兄弟侄所辖的蒙古健儿，为清王朝的长治久安、治内御外，为清帝的江山社稷，大显身手，拱卫宸极。因此，第一位皇后是她的亲侄女，其父系太后之亲兄弟卓礼克图亲王吴克善。顺治十年第一位皇后被废为静妃之后，太后又于她娘家选了三位妃子，一位是太后亲侄孙女，父系镇国公绰尔济（后晋贝勒），五月封妃，六月册为第二位皇后；另一位是其亲妹，册封为淑妃；第三位是太后亲侄女，其父系太后亲弟弟达尔汉巴图鲁郡王满珠习礼（后晋亲王），此女进宫不久去世，追封悼妃。太后计议固很周到：一后二妃围绕皇上，当然能巩固娘家特殊地位和依靠弟侄的蒙古兵来保卫大清王朝，不料，万密之中有一疏，她这位性格倔强又特重感情的爱子福临，却偏偏看不上皇后和淑妃，偏偏只宠爱董鄂氏，甚至很可能有再废皇后之心。

顺治十五年正月初三日，帝竟谕告礼部，严厉指责皇后不孝，令停进笺奏,“朕惟皇后表正宫闱，孝敬为先，凡委曲尽礼，佐朕承欢圣母，此内职之常也”。乃当母后染病之时，皇后虽承太后笃爱，恩眷殊常,“而此番起居问安礼节！殊觉阙然”。“向年废后之举，因与朕不协，故不得已而行之，至今尚歉于怀，引为惭德，但孝道所关重大，子妇之礼，昭垂内则，非可偶违。兹将皇后位号及册宝照旧外，其应进中宫笺奏等项，暂行停止。”着议政王、贝勒、大臣、九卿、詹事、科道会同议奏。初七日三大臣九卿等议上，应遵谕停进中宫笺表。若顺治十年八月帝谕废后之理由是其“无能”，那么此次指责皇后对母后不孝，其罪就远逾“无能”了，完全可能由停笺表而进一步发展到废其后位了。过了两个多月，三月二十五日，帝又谕礼部命复中宫笺表：前以皇后问安礼节稍疏，曾谕停其笺表，因“母后圣体违和，未及奏闻”,“今始奏知，朕面奉皇太后慈谕，谓朕前日之旨，笃于事亲，道理宜然，但念皇后方在冲龄，未娴礼节，且素切眷爱。慈谕宽仁，敬当遵奉，嗣后中宫笺奏等项，著照旧封进”。

此谕所述太后谕称念共“皇后方在冲龄，未娴礼节”之理由，显然太不充分。不错，皇后年龄并不太大，但已是芳龄十七之人了，何况她已当了五年的皇后，焉能说“方在冲龄，未娴礼节”，此言明系借口而已。真实之情当是太后不满此举，谕劝皇儿停止惩处，照旧进表。且母后之谕，恐亦含有不能再行废后之事的意思。帝因专宠董鄂妃，而对皇后如此冷淡甚至有再废之心，太后能对异姓臣仆区区二品护军统领之女不怀怨意吗？皇后及其他妃嫔能不生嫉而侧目于董鄂氏吗？

绝顶聪明的董鄂皇贵妃当然了解此中奥妙，知道自己处境危险，而竭力弥逢婆媳之间嫌隙和平息皇后妃嫔的不满。她对皇太后竭力逢迎和侍奉，对皇后小心谨慎敬侍，对其他妃嫔亦力示谦让关照。顺治帝自撰之董鄂妃《行状》载称：其“事今后克尽谦敬，以母称之”，后病之日，董妃“五昼夜目不交睫”侍奉。永寿宫恪妃石氏有病时，董鄂妃“亦躬视扶持，三昼夜忘寝兴”。悼妃去世时，董鄂妃“悲哀甚切，逾于伦等。其爱念他妃嫔，举此类也”。她又抚育承泽郡王之女二人、及安王之女一人于宫中,“朝夕鞠抚，慈爱不啻所生”。尤其是当帝谕停进皇后表笺后，董鄂妃向帝“顿首固请曰：……陛下若遽废皇后，妾必不敢生。陛下幸垂察皇后心，俾妾仍视息世间，即万无废皇后也”。妃之以死力谏，当是促使福临谕令照旧进呈中宫笺表的主要原因之一。

董鄂妃这些言行，甚为高尚，实系罕见之贤妃，这固然是因为其生性“孝敬，知大体，其于上下，能谦抑惠爱”,“宽仁下逮”，但也与其“颖慧过人”，明智冷静不无关系。面对宫中的严峻形势，董鄂妃谅必知道她的前途主要依赖于两个条件，一是夫君之宠，二是能有皇子。帝之专宠，她有信心，但龙体虚弱，难有高寿，福临自称只能活到三十岁，万一真的过早驾崩，帝宠即成泡影。若有皇子，形势即异，以其皇贵妃之身份和帝之特宠，皇子必能立为太子，那么夫君早逝之后，爱子继位登基，自己便贵为皇太后，就不怕母后、现皇后及其他妃嫔排挤暗害了。可是皇子刚生，百日即殇，且随后帝、妃皆体弱多病，未能再育，如若有朝一日世祖病故，另立皇子，董鄂氏这位曾经宠冠后宫实系六宫之主的皇贵妃，便要屈居今皇后和继位为君之皇子的亲母之下，那时太后及诸妃嫔之多年宿愤，恐怕都会一下子全部泄于董鄂妃身上，怎能招架！因此她必须尽力应付各个方面，从而过度劳累忧虑，致“病阅三岁”，“容瘁身癯”，二十二岁就离开了人间。总的来说，董鄂氏过早去世，原因虽可能有上述三条，但最根本的是第三条，即宫中激烈的矛盾斗争。

这些深情，可能福临并不知晓，或知之甚浅，但铁的事实摆在面前，他的红颜知己、他最心爱之人，与他从此永别了，他怎不悲痛欲绝！

五　追封皇后　厚葬爱妻

当母后再三劝诫宽慰，顺治帝福临悲痛稍定后，他立即连续下谕，厚葬爱妃。顺治十七年八月十九日董鄂妃卒，帝立传谕亲王以下，满汉四品官员以上，公主、王妃以下命妇等，俱于景运门内外齐集哭临，辍朝五日。

第三日，八月二十一日，他谕告礼部追封董鄂妃为皇后：“皇贵妃董鄂氏于八月十九日梦逝。奉圣母皇太后谕旨：皇贵妃佐理内政有年，淑德彰闻，宫闱式化，倏尔薨逝，予心深为痛悼，宜追封为皇后，以示褒崇。朕仰承慈谕，特用追封，加之谥号，谥曰孝献庄和至德宣仁温惠端敬皇后。”

又过了两天，八月二十三日，按照礼部奏准的仪注，举行了追封典礼和祭悼，撰写玉册玉宝，并造香册香宝。皇上、太后、皇后各遣内官设祭一坛，各亲王共祭一坛，各郡王共祭一坛，贝勒以下辅国公以上共祭一坛，各公主、内大臣与侍卫各共祭一坛，在内官员共祭一坛，所集文武官员共祭一坛，诸王以下，四品官员以上，及公主、王妃、命妇随梓宫前往暂奉之地景山观德殿。内阁撰写祭文、祝文。

又过了三天，八月二十六日，以追封告祭奉先殿。追封册文如下：

> 朕惟治隆内则，史称淑德之祥，化始深宫，诗诵徽音之嗣，历稽往牒，咸有嘉谟，若夫睿质夙昭，允协符于坤极，荣名未备，宜追锡于瑶编，爰展哀悰，以彰惠问。尔皇贵纪董鄂氏，肃雍德茂，淑慎性成，克令克柔，安贞叶吉，惟勤惟俭，静正垂仪，孝养孔虔，愉婉顺慈闱之志，恪共弥劭，赞襄端椒寝之风，方期永式于璇房，讵意俄升夫仙驭。凡兹九宇，同深月掩之惊，矧余一人，益重鉴亡之痛。嗟掖庭之失助，伤令范之云遐，露泫风回，感凄清于素节，帏虚殿迥，怅窅邈于云程，不褒琬琰之章，曷著珩璜之度。是以慈怀殷眷，懿命重申，朕仰承德音，特隆殊典，追封为皇后，锡之玉册玉宝，载加显号，用表遗徽，谥曰孝献庄和至德宣仁温惠端敬皇后。

福临又亲为董鄂妃撰《行状》，盛赞妃之事迹品德，痛切哀悼，长达数千言。他又令大学士金之俊为妃写传，并命当年停止秋决，

“从后志也”。帝又谕令内阁学士胡兆龙、王熙排纂端敬皇后所著语录。举殡时，“命八旗官员二三品者轮次舁柩”，票本用蓝墨，自八月至十二月底，始易朱。

帝为端敬皇后大办丧事，“太监与宫中女官一共三十名，悉行赐死，免得皇妃在其他世界中缺乏服侍者”。由高僧茆溪森主持，在景山建水陆道场。十月初八日，帝第五次亲临观德殿，为后断七。茆溪森念称：“景山启建大道场，忏坛，金刚坛，梵网坛，华严坛，水陆坛，一百八员僧，日里饶钹喧天，黄昏烧钱施食，厨房库房，香灯净洁，大小官员，上下人等，打鼓吹笛，手忙脚乱，念兹在兹，至恭至敬，专申供养董皇后，呵呵。”

帝又命茆溪森主持董鄂后火化仪式。临观德殿为后收灵骨。茆溪森上堂，隆安和尚（木陈忞之弟子）白椎。僧问：上来也，请师接。茆溪森说：莫莽鲁。僧问：皇后光明在甚处？茆溪森说，无纵迹处不藏身。僧喝，茆溪森便打。僧说：天子面前，何得干戈相待？茆溪森笑说：将谓你知痛痒。他又竖如意说：“左金乌，右玉兔，皇后光明深且固，铁眼铜睛不敢窥，百万人天常守护。”

尽管此时国库如洗，岁缺巨饷，顺治帝仍然大办丧事，“耗费极巨量国帑，两座装饰得辉煌宫殿，专供自远地僻壤所召来的僧徒作馆舍。按照满洲习俗，皇妃的尸体连同棺椁，并那两座宫殿，连同其中珍贵陈设，俱都被焚烧”。

专宠六宫的绝代佳人董鄂贤妃，就这样抛下夫君，离开人世，魂归西天，留下的是少年天子无穷无尽的追忆、哀思和孤独，四个多月以后，他也就往觅芳踪，与妃长相厮守于九天了。

六　出家未遂　英君愁病归天

董鄂爱妃死后，顺治帝万念皆灭，“寻死觅活，不顾一切”。后虽经多方劝阻，未能殉妃，但他却坚决要摆脱红尘，出家为僧。

其实，此念并非始于今日，从顺治十四年始识憨璞性聪和尚起，十五年召玉林琇，十六年召木陈忞、茆溪森，四五年间，他常与高僧参禅学佛，早已倾心佛法。大致在顺治十六年底或十七年春，他曾与木陈忞畅谈出家之念。《北游集》载：“上一日语师，朕再与人同睡不得，凡临睡时，一切诸人俱命他出去，方睡得着，若闻有一些气息，则通夕为之不寐矣。师曰：皇上夙世为僧，盖习气不忘耳。上曰：朕想前身的确是僧，今每常到寺，见僧家明窗净几，辄低回不能去。又言：财宝妻孥，人生最贪恋摆脱不下底。朕于财宝固然不在意中，即妻孥亦觉风云聚散，没甚关情。若非皇太后一人罣念，便可随老和尚出家去。师曰：剃发染衣，乃声闻缘觉羊鹿等机，大乘菩萨要且不然，或亦作天王、人王、神王及诸宰辅，保持国土，护卫生民，不厌拖泥带水，行诸大悲大愿之行。如只图清净无为，自私自利，任他尘劫修行，也到不得诸佛地步。即今皇上不现身帝王，则此番召请耆年，光扬法化，谁行此事。故出家修行，愿我皇帝万勿萌此念头。上以为然。”

此时福临只有二十二三岁，正当青年血气方刚之时，他又怀有治国安邦以明君自期的雄心壮志，当时已平定云贵五省，打败郑成功，全国基本统一，富强盛世即将到来，又有红颜知己董鄂妃，事业、爱情皆有，正是称心如意之时，何故萌此出家之念？原因可能有二。首先是他虽正值年轻有为之时，可身体却很坏，坏到了令人难以想象的地步。《北游集》载，上一日语师："老和尚许朕三十岁来为祝寿，庶或可待。报恩和尚来祝四十，朕决候他不得矣。师曰：皇上当万有千岁，何出此言？上弹颊曰：老和尚相朕面孔略好看，揣怀曰：此骨已瘦如柴，似此病躯，如何挨得长久。师曰：皇上劳心太甚，幸拨置诸缘，以早睡安神为妙。上曰：朕若早睡，则终宵反侧，愈觉不安，必谯楼四鼓，倦极而眠，始得安枕耳。"二十二三岁之青年，竟骨瘦如柴，长夜难眠，可见其体之弱，其病之不轻。

福临之体弱及病，既与少年放荡有关，又与操劳国事相连。他亲政十年，适值多事之秋，民穷国困，大库如洗，岁缺巨万兵饷，各地"盗贼"盛行，两王战死，江宁被围，军情紧急，不知出现了多少个令他惊恐万状坐卧不安的日日夜夜，当然大伤身体。此外，自顺治十五年正月皇四子百日而殇以后，董鄂妃痛子心切，又要应付各种复杂尖锐的人际关系，心力交瘁，染病在身，时有仙逝之可能，帝妃心心相印，生死与共，怎不令帝担忧受怕！几种因素集合于一身，致帝病日重体日弱，故有出家之念。

在这样的形势下，顺治十七年八月十九日董鄂妃去世，福临悲痛欲绝，欲死不能，遂决定出家为僧。此讯一出，举朝震动，太后再三规劝，帝坚不从，召茆溪森为他举行剃发修行仪式。《敕赐圆照茆溪森禅师语录》卷三罗人琮为僧所撰塔铭，带有茆溪森临终一首："兹翁老，六十四年，倔强遭瘟，七颠八倒。开口便骂人，无事寻烦恼，今朝收拾去了，妙妙。人人道你大清国里度天子，金銮殿上说禅道，呵呵！总是一场好笑。”

正当太后束手群臣无策之时，玉林琇奉诏，于顺治十七年十月十五日至京，闻听弟子茚溪森为帝净发，“即命众聚薪烧森”。帝闻听此事，立即谕告玉林琇，“许蓄发”，茚溪森始免于死。当天玉林琇到皇城内西苑万善殿，“世祖就见丈室，相视而笑”，盖一为老和尚，一为已剃去头发的年轻光头皇帝。福临仍想出家，问玉林琇：“朕思上古，惟释伽如来舍王宫而成正觉，达摩亦舍国位而为禅祖，朕欲效之何如？”玉林琇劝谏说：“若以世法论，皇上宜永居正位，上以安圣母之心，下以乐万民之业。若以出世法论，皇上宜永作国王帝主，外以护持诸佛正法之轮，内住一切大权菩萨智所住处。”福临“欣然听决”，断了出家之念。

福临虽然出家未遂，但因体本虚弱有病，又值爱妃仙逝，伤悼过甚，致身体更坏，不久染上天花，于顺治十八年正月初七日子刻崩于养心殿，享年二十四岁（若按实足周岁算，只有二十二岁零十一个月）。随即举办丧仪，火化梓宫。上先帝尊谥为“体天隆运英睿钦文大德弘功至仁纯孝章皇帝”，庙号世祖。又以一等阿达哈哈番巴度之女进宫以后，感先帝恩德，以身相殉，辅政大臣以幼帝（康熙帝）玄烨名义追封其为贞妃说：“皇考大行皇帝御宇时，妃董鄂氏赋性温良，恪共内职，当皇考上宾之时，感恩遇之素深，克尽哀痛，遂尔薨逝，芳烈难泯，典礼宜崇，特进名封，以昭淑德，追封为贞妃。”同时，宣布帝之罪己遗诏，册立皇三子玄烨为太子继位为君，命索尼等四大臣辅政。

七　未到五台山出家为僧

很久以来，盛传福临因爱妃去世悲痛过度，舍弃帝位，离京，前往五台山出家为僧，孟森、陈垣二位前辈曾撰专文论述其非，证明世祖确系死于天花，安葬于孝陵。笔者赞同他们的判断。除了前述顺治帝体弱多病去世的情形外，笔者再引录几段关键性史料，叙述帝之病故、办丧及火化之事。

世祖是于顺治十八年四月，由茆溪森禅师主持火化的。《敕赐圆照茆溪森禅师语录》对此记述得十分清楚。卷六佛事门载："辛丑（十八年）二月三日，钦差内总督满洲大人通议歌銮仪正堂董定邦奉世祖遗诏到圆照（杭州圆照寺），召师进京举火，即日设世祖升遐位。师云：寿皇殿上话别时，言犹在耳，行大机，显大用，随宜说法，雷轰电掣，这是皇上生平性燥处，千圣万贤不能窥于万一。遂顾左右云：大众见么，容颜甚奇妙，光明遍十方，即今在你诸人顶门，开无上甚深微妙正法眼藏，汝等勿得错过，将来个个盖天盖地，续佛慧命，受用无尽。"四月十六日茆溪森奉旨到了北京，表贺康熙皇帝。过了几天，"诣世祖金棺前秉炬"火化。本书卷二"早参门"又载："康熙皇帝召师为世祖举火，起程早参。师拽拄杖曰：大众，山门前得底句，禅堂里商量去，进到方丈，不必再举，何也？慈翁不肯辜负汝，若有人知落处，许他随我去。"火化时，茆溪森在景山寿皇殿"秉炬，曰：释伽涅槃，人天齐悟，先帝火化，更进一步。顾左右曰：大众会么，寿皇殿前，官马大路。遂进炬”。

顺治十八年正月，中书舍人张宸著《杂记》，详细叙述了世祖病故、举哀、出殡的经过，实系罕有的珍贵史料，现摘录于下。

> 辛丑正月，世祖皇帝殡天。予守制禁中，凡二十七日。先是，正月初二日，上幸悯忠寺，观内珰吴良辅祝发。初四日，九卿大臣问安，始知上不豫。初五日，又问安。见宫殿各门所悬门神对联尽去。一中贵向各大臣耳语，甚仓皇。初七晚，释刑狱，诸囚狱一空，止马逢知、张缙彦二人不释。传谕民间毋炒豆，毋燃灯，毋泼水，始知上疾为出痘。……（初七日上卒）。（初九日）早，上（指康熙帝玄烨）升殿毕，宣哀诏于天安门外金水桥下。……殿上张素帏，即殡宫所在。两庑俱白布帘，壶闲肃穆，非外廷可比。宫门外大厂二，东释西道，竖禧竿，昼夜礼经忏。……十四日，焚大行所御冠袍器用珍玩于宫门外。时百官哭临未散，遥闻宫中哭声沸天而出，仰见皇太后黑素袍，御乾清门台基上，南面，扶石栏立，哭极哀。诸宫娥数辈，俱白帕首白衣从哭。百官亦跪哭。所焚诸宝器，火焰俱五色，有声如爆豆。人言每焚一珠，即有一声，盖不知数万声矣。谓之小丢纸。自初八至十六日，哭临毕。……又几日，移殡宫于景山寿皇殿。先一日，陈卤簿队、象辇。……百官排班自东华门至景山，鱼贯跪道左。予是时始见卤簿之全。开道二红棍，有黑漆描金如竹筒上广而下锐者几十余对。又二红棍，如前筒而剖其半又十余对。自后则有若枪者，若戟者，若

戈若矛者，蛇其首者，若锥者，如瓜者，如手执锥者，皆镀金朱竿；有若节者，幢者，幡者，旌者，旗者，麾者，锦绮辉耀，每每色各数十对。每易一杖，即间二红棍。诸仗俱直立持，不横仆。惟扇伞最多，扇有圆者、方者、兜者、如鸟翅者，每式具五色，色各一。伞亦具五顶，每色五顶，俱刺绣五檐，惟黄罗曲柄者止二顶。队中有散马，辔而不鞍，八十余匹，有鞍马数十匹。刻金鞍辔镫，黄鞦蚓，鞍首龙衔一珠，如拇指大，鞍尾珠三，如食指大，背各负数枕，备焚化，枕顶亦刻金为龙衔珠，如鞍首，共百余。驼数十匹，繁缨垂貂，极华丽，皆负绫绮绵绣，及帐房什器，亦备焚。腰弓插矢者数十人，俱乘马。捧御弓箭者数十人。牵猎犬御马者数十人。御箭皆鸦翎粘金。御撒袋俱黄绮，针缝处密密贯明珠，计一袋珠，可当民间数妇女首饰，真大观也。近灵舆，各执赤金壶、金瓶、金唾壶、金盘、金碗、金盥盆、金交床椅杌等物，皆大行所曾御者，亦备焚。灵舆黄幔软金檐，紫貂大坐褥，其后即梓宫，用朱红锦袱盖，诸王大臣乘马执绋……梓宫后为贞妃柩上用紫花缎袱，盖贞妃者从先帝死，故赐号曰贞妃，或曰即端敬皇后之妹也。其后，皇太后黑缎素服，素幔步辇送殡。举哀后，素车五，青幔车六七，不知中宫谁人。各官随至景山，梓宫启东墙入。命妇在寿皇殿内，百官在殿门外。擗踊奠楮，焚前所载诸物，谓之大丢纸。礼毕而散。……（哭临时期）东华门晨启，诸命妇入哭，俱细布白袍，白帕首，后垂二白带，长竟身，手执一细竹杖，抵暮方散，车如流水，马如游龙，此俱从龙贵人一二品大臣妻也，可谓盛矣。……凡诸珍玩，焚化不尽者，俱市之民间，以备山陵之费。即盆卉鞍韂诸物，亦有货者。于是知皇太后之俭德，固逾他代。

结语　英俊天子痴情君

长期以来，人们对顺治帝福临的评价并不高，认为其系普通一帝，无甚建树，且在亲政后期，设立十三衙门，崇信佛教，更系谬误。这种说法，显与历史实际大有出入，不甚公允，似应重加评述。

根据少年天子福临亲政十年的言行事迹，现主要对其治国理政的得失功过作一总的评价，同时考虑到他具有与其他帝君不同的特点，对他与董鄂妃的爱情也予简要小结。

福临亲政十年的治理国政，可以概括为三个方面。第一，千难万险，勇往直前。他冲龄登基，少年亲政，却值国家多事之秋，守成又兼创业之日，困难重重。归纳起来，有五大难题摆在他的面前：大西军“两蹶名王，天下震动”，“国姓爷”围攻江宁，“东南大震”，反清烽火延绵多年；国库如洗，岁缺巨万兵饷，财政异常困难，计臣束手无策，征调繁兴，水旱连年，兵民穷苦至极；五万满丁，对付亿万汉人，多寡悬殊，胜负难卜，长治久安谈何容易；诸王势大，满臣守旧，力排贤能汉官；君威不振，难行新政，治国缺才少计。这对于历朝的众多中庸之君苟安之帝来说，无异于是一叶扁舟漂浮于波涛汹涌、无边无际的大海之中，时有覆没丧生的危险，他们早就吓得魂飞魄散，不敢上船远航了。然而，少年天子福临虽在个别时刻有些惊慌失措（江宁被围初期），但总的说来，他继承了太祖、太宗力御强敌、临危不惊、以寡败众、勇往直前的大无畏精神，集中地体现了正在兴起发展的本民族——满族勇于进取、善于学习的族风，以明君自期，胸怀壮志，决心要做出一番事业，“力图治安”，排除万难，勇攀高峰，其志可嘉，精神堪佩。

第二，励精图治，安邦有道。亲政十年，福临虽然批阅了数以万计的奏疏，下达谕旨上千道，处理了军政要务，但观其要，他主要抓住了四件大事。一是力排障碍，倾心汉化，擢用饱学之士和贤能汉臣分任要职，参预机要，提高汉官职权和地位，使他们献计献策，辅理国政。二是任用将帅得人，竭力筹措兵饷，咬紧牙关负起财政困难重担，把统一全国的战争进行到底。三是免除睿王筑城加派，痛斥言利之徒，坚不增赋，并力求革弊省费，减赋免税，以略减黎民之苦。四是察吏安民，惩贪除霸，选罪婪臣，赃银十两革职籍没，诛杀元凶巨恶黄膘李三。这些方针、政策、措施被具体贯彻执行，取得了很好的效果。

第三，成效卓著，文治武功兼有。少年天子亲政虽仅十年，但在群臣的佐理和将士奋勇征战与兵民辛勤劳动下，做了很多事，取得了很大成就。除福建厦门、金门一带及川东一小块地区外，全国绝大多数府厅州县已经隶于清政府管辖之下；驱逐了侵入黑龙江地区的沙俄殖民军，保障了东北地区的安全；增强了蒙藏地区与中央的联系，明清之际二十多年战火纷飞、动荡不安的局面已经基本结束，初步形成了统一、稳定的局面。相应而来的是，垦田顷亩增加了一倍，户口陆续增多，社会经济有所恢复，国赋收入逐渐增加，培养了大量军政人才。这就为“康乾盛世”的出现，在政治、军事、经济、文化等方面奠定了相当坚实的基础。否则，四分五裂，南北对峙，干戈频仍，征调繁兴，横尸遍野，国无宁日，民何以安，田何以垦，赋焉能增，“盛世”怎能形成！

当然，福临也犯了不少错误，他不该厉行祸国殃民的“逃人法”，设立十三衙门，对少数大臣的任免、升降、赏罚也不尽妥，科场案之株连亦太过分，等等。然而总的看来，他在十分艰难的环境下，做出了一番事业，取得了很大成就，对国家的统一和中华民族的发展，做出了重大贡献，还是难能可贵的，不失为一位颇有作为的守成兼创业之明君。

至于少年天子对董鄂妃的痴情，更是历朝帝君中罕有的楷模。唐朝大诗人白居易的千古绝唱《长恨歌》，对唐明皇与杨贵妃相亲相爱的爱情悲剧，给予了深切的同情和高度赞扬。诗中的“回眸一笑百媚生，六宫粉黛无颜色”，“后宫佳丽三千人，三千宠爱在一身”，“宛转蛾眉马前死”，“君王掩面救不得”，“孤灯挑尽未成眠，迟迟钟鼓初长夜”，“七月七日长生殿，夜半无人私语时。在天愿作比翼鸟，在地愿为连理枝。天长地久有时尽，此恨绵绵无绝期”等等，皆系流传万代之佳句，唐明皇与杨贵妃也因此而成为秦汉以来两千年里最有名的爱情帝妃。

但是，若将顺治帝与唐明皇作一比较，可以肯定，唐明皇将大为逊色，甘居于福临之下。姑且不谈唐明皇李隆基逼取皇十八子寿王李瑁之妃杨玉环这一父纳儿媳的败坏人伦之丑行，至少有三个方面，唐玄宗李隆基远远不如晚于他九百多年以后的清世祖福临。第一，唐明皇与杨贵妃之间，双方并非忠贞不贰，而是各有情人，常做私通之事。唐玄宗身为天下共主，后宫佳丽三千人，他当然可以随时召幸，何况为了广生皇子，有利社稷，也应与其他妃嫔欢聚，此举无可非议。但是，他不应该既与杨贵妃在长生殿七七之夕对天发誓，“在天愿作比翼鸟，在地愿为连理枝”，同时又勾引利诱，和杨玉环贵妃之大姐韩国夫人、三姐虢国夫人、八姐秦国夫人多次苟合；而杨玉环也暗中私通安禄山，芙蓉帐里度春宵，这能说二人之间是互相痴情、忠贞不贰吗？顺治帝福临与董鄂妃可没有这些风流艳事！

第二，唐明皇宠幸杨贵妃后，“春宵苦短日高起，从此君王不早朝”，花天酒地，荒废政务，并且，“姊妹弟兄皆裂土”，大封杨氏父兄子侄，追赠玉环之父为太尉、齐国公，母封凉国夫人，玉环之二位堂兄，一任鸿胪卿，一任御史，“遂令天下父母心，不重生男重生女”。更为荒谬的是，唐玄宗竟擢用宠信玉环之远房堂兄杨国忠，任其为右丞相，封魏国公，纵其专权纳贿，败坏国政，致安禄山得以起兵，天下大乱，宗庙蒙尘，国都失陷，唐明皇不得不离京外逃，远遁四川，唐朝几乎寿终正寝。而顺治帝虽极其宠爱董鄂妃，但仅对其父官阶二品的护军统领鄂硕擢任内大臣（一品），自一等子晋三等伯，卒后赠三等侯，其子费扬古袭封三等伯，后因在康熙中年大败噶尔丹汗，建立特大功勋，才晋为一等公。董鄂妃之亲叔叔罗硕，在妃入宫前已任至工部侍郎，妃得宠时，未晋官职，只是在妃死之后追册为端敬皇后时，才授与一等男世职。董鄂妃之家族没有因妃为帝宠而擢任要职，更谈不上恃妃之宠而弄权坏政、祸国殃民了。

第三，唐玄宗与杨玉环发誓要生死与共，可是，当安史之乱爆发后，唐玄宗逃到马嵬坡时，从行将士义愤填膺，杀死杨国忠，光武大将军陈玄礼面见玄宗，代表将士，要求诛杀杨贵妃，玄宗遂令内监高力士将玉环缢死。以往人们皆认为，玄宗别无他法，玉环只有一死，然而，若细加分析，上述说法并不一定无懈可击，玄宗还是可以找出另外的解决方案，杨贵妃并非必然要死。原因之一是，杨玉环与杨国忠不是亲兄妹，不是叔伯兄妹，也不是堂兄堂妹，而只是同一曾祖之远房兄妹，关系并不密切，她不必非要为杨国忠报仇，而和文武百官三军将士敌对到底。只要杨玉环当面向陈玄礼说明与杨国忠之疏远族兄妹关系，表明必不为此怀恨在心，玄宗从旁担保，将士不一定非要逼死杨玉环。原因之二，也是决定性的原因是，玄宗完全可以当众宣布退位，让太子李亨登基，掌握军政大权，以此来换取杨贵妃的生命。将士之所以要杀死杨玉环，不过是怕她将来唆使皇上为杨家报仇，而残害此次兵谏之将帅士弁，如果玄宗成了一个无权之养老的太上皇，新君又恨杨贵妃，感谢将士拥戴之功，杨玉环也就成了普通一妃，无力害人，将士便会放心了，也会接受玄宗的要求，免玉环一死，以便新君指挥大军，平定安史之乱。然而玄宗身居帝位四十五年，享尽了皇帝之乐，热恋皇位，而计不出此，谕令贵妃自尽，这能说是对爱妃忠贞不贰、生死与共吗？与此成鲜明对比的是，清世祖福临经过亲政十年的努力奋斗，全国统一，君威无比，群臣拥戴，文治武功兼有，正是大展宏图之时，却因红颜知己董鄂妃仙逝而“寻死觅活”，当自杀难成之时，又剃掉头发，坚欲出家，后虽被阻止，但忧思不减，终因哀悼，加速了死亡，二十三岁便离开了人间，这样纯真无私、至死不移的“痴情”，唐明皇怎堪与比！

综上所述，看来可以对被尊上庙号为世祖，人们习惯称为顺治皇帝的爱新觉罗·福临，做出这样七个字的总结了，即“英俊天子痴情君”。

图书在版编目(CIP)数据

顺治皇帝 / 周远廉著 . — 北京 : 故宫出版社 , 2016.10（2020.5重印）

（名家说清史）

ISBN 978-7-5134-0924-7

Ⅰ . ① 顺… Ⅱ . ① 周… Ⅲ . ① 顺治帝（1638–1661）–传记–通俗读物 Ⅳ . ① K827=49

中国版本图书馆 CIP 数据核字（2016）第 232461 号

名家说清史

顺治皇帝

著　　者：周远廉

出 版 人：王亚民

责任编辑：吴庆庆

封面设计：王　梓

版式设计：保定市万方数据处理有限公司

责任印制：马静波　顾从辉

出版发行：故宫出版社

地址：北京市东城区景山前街4号　邮编：100009

电话：010-85007808　010-85007816　传真：010-65129479

邮箱：ggcb@culturefc.cn

印　　刷：保定市中画美凯印刷有限公司

开　　本：787毫米 × 1092毫米　1/16

印　　张：17.25

字　　数：185千字

版　　次：2016年10月第1版

2020年5月第2次印刷

印　　数：3001 ~ 4500册

书　　号：ISBN 978-7-5134-0924-7

定　　价：39.00元